俄语口语及常用口语句式

张会森 编著

图书在版编目(CIP)数据

俄语口语及常用口语句式/张会森编著. —北京：北京大学出版社, 2009.2
(21世纪大学俄语系列教材)
ISBN 978-7-301-14934-8

Ⅰ. 俄… Ⅱ. 张… Ⅲ. 俄语—口语—高等学校—教材 Ⅳ. H359.9

中国版本图书馆 CIP 数据核字(2009)第 014844 号

书　　　　名：	俄语口语及常用口语句式
著作责任者：	张会森　编著
责 任 编 辑：	戚德平　张　冰
标 准 书 号：	ISBN 978-7-301-14934-8/H・2199
出 版 发 行：	北京大学出版社
地　　　　址：	北京市海淀区成府路 205 号　100871
网　　　　址：	http://www.pup.cn
电　　　　话：	邮购部 62752015　发行部 62750672　编辑部 62767347　出版部 62754962
电 子 邮 箱：	zbing@pup.pku.edu.cn
印　刷　者：	北京飞达印刷有限责任公司
经　销　者：	新华书店

　　　　　　　787 毫米×980 毫米　16 开本　11.25 印张　220 千字
　　　　　　　2009 年 2 月第 1 版　2009 年 2 月第 1 次印刷

定　　价：25.00 元

未经许可，不得以任何方式复制或抄袭本书之部分或全部内容。
版权所有，侵权必究　举报电话：010－62752024
　　　　　　　　　　 电子邮箱：fd@pup.pku.edu.cn

21世纪大学俄语系列教材

顾问　白春仁　李明滨　张会森

编委会（以汉语拼音为序）

丛亚平　山东大学
刘利民　首都师范大学
苗幽燕　吉林大学
史铁强　北京外国语大学
孙玉华　大连外国语大学
王加兴　南京大学
王铭玉　黑龙江大学
王松亭　解放军外国语学院
王仰正　浙江大学
夏忠宪　北京师范大学
杨　杰　厦门大学
张　冰　北京大学出版社
张　杰　南京师范大学
查晓燕　北京大学
赵　红　西安外国语大学
赵爱国　苏州大学
赵秋野　哈尔滨师范大学
郑体武　上海外国语大学

前言

我们每个人都体验到：日常说话的语言跟书面语言，写文章的语言是有区别的。这种区别不仅表现在读音上、语调上，更表现在用词造句上。现在，人们学俄语，口语交际的需要越来越多，为了更好地进行口头交际，应该掌握俄语口语的特点和基本规则，使我们用俄语说的话不要造成"跟书本语言一样"的偏差。虽然现在很多地方的俄语教学，强调听说，但语言材料仍是以书面语（或文语）为主；讲语法规则也大都是书面语的语法规则，而很少涉及口语语法及口语结构。1980 年笔者就曾发表《俄语口语问题》一文（载《外语学刊》创刊号），强调要加强真正的日常口语（разговорная речь）的教学。本书所说的"口语"，是指日常谈话的口语，而不是指"口头语言"（устная речь）。

本书的宗旨在于帮助广大俄语工作者和学习者掌握俄语口语的基本特点，理解和使用俄语口语常用句式。全书分两部分：第一编为俄语口语概论，讲俄语口语有关概念，讲俄语口语语音、词汇、词法和句法方面的基本特点；第二编则集中分析作者特别收集的俄语口语常用的固定的句子格式，这些句子格式在平常教学中很少讲到，一般语法书中也难以查到，学生碰到这类句子普遍感到陌生和难以理解与使用。本书收列了 140 个真正的口语句式，对各句式给了详明的讲析，对所有例句都给了译文。

本书是在 1994 年出版的《俄语口语及常用口语句式》的基础上重新修订，增补而成的，新版在质、量两方面都有提高。

本书可作为大学生、教师、翻译工作者的参考书，也可作为高校俄语口语课的教材。

张会森

于黑龙江大学俄语语言文学研究中心

2008 年岁末

目 录

前 言 / 1

第一编 俄语口语概论

一、标准语、口语、规范 / 3
二、俄语口语语音方面的特点 / 7
三、俄语口语的词汇特点及特殊称名方法 / 10
四、俄语口语的词法特点 / 18
五、俄语口语的句法特点 / 25
   1. 一般用不完全句 / 25
   2. 零位动词谓语结构 / 28
   3. 特殊谓语形式 / 30
   4. 常见"按意思一致"（Врач пришла 类）现象 / 36
   5. 广泛使用独词句 / 37
   6. 常用称名结构 / 38
   7. 多用无连接词 / 41
   8. 使用紧缩结构 / 41
   9. 常出现接续—分解结构 / 43
   10. 常出现提位—复指结构 / 45
   11. 从句形式与词（词组）同等并列 / 46
   12. 词序相当自由多样 / 47
   13. 主句与从句位置比较自由 / 49

14. 俄语口语拥有许多特有的句式 / 50

六、日常口语中的应酬用语 / 51
    1. 问候、道别、道谢、道歉及称呼 / 51

七、日常口语中的称呼 / 53
    1. 一般社交中的称呼 / 53
    2. 特定场合中的"描写型"呼语 / 54

八、日常口语中请求、劝告等的表达法 / 56
    1. 请求对方做某事，一般使用下列表达方式 / 56

第二编 常用俄语口语句式

一、口语句式引论 / 63
二、表达褒贬评价的句式 / 66
    1. Ай да ＋ 名词一格！／ 66
    2. $\left.\begin{array}{l}\text{Ах}\\\text{Ох}\\\text{Ой}\\\text{Эх}\end{array}\right\}$ ＋(уж)＋(мне)＋$\left.\begin{array}{l}\text{этот}\\\text{эта}\\\text{это}\\\text{эти}\end{array}\right\}$＋名词一格！／ 67
    3. (А) ещё (и)＋名词一格！／ 67
    4. Вот так ＋ 名词一格！／ 68
    5. Вот (это) ＋ 名词一格！／ 69
    6. Вот (это) ＋ 名词(А)一格，так ＋ 名词(А)一格！／ 69
    7. Вот тебе(те,вам) и ＋ 名词一格！／ 70
    8. $\left.\begin{array}{l}\text{Где}\\\text{Куда}\end{array}\right\}$＋名词或代词三格！／ 71
    9. Ну и ＋ 名词一格！／ 72
    10. Что за ＋ 名词一格！／ 72
    11. Вот ＋ он(она,оно,они)＋名词一格！／ 73
    12. Ну и (уж и) ＋ 名词一格 / 73
    13. Мало(ли)что ＋ $\left\{\begin{array}{l}\text{主语＋谓语}\\\text{谓语}\end{array}\right.$ ／ 74

14. Тоже(мне)＋名词一格！/ 75

15. Чем ＋ {это / он, она, оно, они} не ＋ 名词一格？/ 76

16. Что(Да что) ＋ А! / 76

17. Всем ＋ 名词A复三格 ＋ 名词A单一格！/ 77

18. 名词一格 ＋ 代词、名词三格 ＋ не к лицу / 77

19. 名词A一格 ＋ как ＋ 名词A一格 / 78

20. 名词A一格 ＋ не в ＋ 名词A四格 / 79

21. То ли не ＋ 名词一格！/ 79

22. Хорош(-а,-о,-и) ＋ 名词一格！/ 80

23. Найти 过去时形式＋疑问代(副)词＋不定式！/ 81

24. Очень нужен(-но,-на,-ны)＋名词一格 Очень нужно＋不定式！/ 81

三、表达疑问、疑虑的句式 / 83

25. Что(一格) ＋ 形容词二格？/ 83

26. Что(это) за ＋ 名词一格？(或＋А?) / 83

27. Что ＋ 人称代词 ＋ 谓词,＋ что ли? / 84

28. Как ＋ {名词一格 / С＋名词第五格 / 副词}？/ 85

29. И что ＋ 代(名)词三格 ＋ в ＋ 名词第六格？/ 86

30. Что ＋ "А"？/ 86

31. Что значит ＋ А? / 88

32. Не... ли...? / 89

33. Зачем ＋ 代(名)词第三格＋名词第一格？/ 89

34. Зачем ＋ 未完成体动词不定式？/ 90

35. Не ＋完成体动词将来时形式＋ли ＋ вы(ты),...? / 90

36. Как,разве ＋ 句子形式(S)? / 91

37. Ну,что ты(вы)! Разве ＋ 句子形式(S)? / 92

38. S,＋ что ли? / 92

39. Как(это) ＋ А? / 93

40. (А)вдруг ＋ 句子形式? / 94

41. А что(,)если... / 94

42. Ну(ну как)＋S句子形式？/ 95

43. Можно ＋ я ＋ 将来时谓语？/ 95

44. (А)почему бы не ＋ 不定式？/ 96

四、表达肯定或否定的句式 / 98

45. Как(же)не ＋ 名词、形容词、副词等(！) / 98

46. Какой(-ое,-ая,-ие)тут ＋ 名词一格！/ 99

47. Какое ＋ А！/ 100

48. Стану(буду)я ＋ 未完成体动词不定式 / 100

49. Так я(он...)и ＋ 完成体动词过去时(将来时)形式！/ 102

50. {Как(же) / Ещё бы} не ＋ 动词不定式！/ 102

51. Что ＋ 代词(名词)三格 ＋ до ＋ 二格？/ 103

52. 代(名)词三格＋не до ＋ 二格 / 104

53. до ＋ 代(名)词二格＋ли＋代(名)词三格？/ 105

54. 疑问代(副)词(же),как не ＋ А？/ 105

55. Вот(ещё) ＋ А！/ 106

56. При чём {тут / здесь} ＋ 名词、代词一格？107

57. Где(уж,там) ＋ А / 107

58. 代名词(主语)＋никакой не＋名词一格 / 108

59. Что ＋ 动词不定式！/ 109

60. Вот и＋单数第二人称命令式！/ 110

61. И то＋А / 110

62. 完成体动词单数第二人称形式(＋从属成分或语气词) / 111

63. А(а)＋代(名)词一格＋хоть бы что / 112

64. 代(名)词三格＋хоть бы что(.) / 112

65. Этого(его,их...)＋ещё не хватало！或 Не хватало(недоставало),чтобы... / 113

66. никого＋表人名词二格 / 114

67. Ни ＋ 名词二格(Ни звука) / 114

五、表达祈使、愿望、威吓、咒誓的句式 / 116

68. Никаких ＋ 名词二格！(,) / 116

69. Чтоб ＋ ни ＋ 名词二格或 Чтоб ＋ 副词！/ 116

70. Не...бы(或主语＋бы＋не＋过去时动词谓语)！/ 117

71. как бы не ＋ { 名词一格 / 不定式 / 谓语＋主语 } ！(.) / 118

72. Чтоб ＋ 主语＋谓语(过去时)！/ 118

73. 单数第二人称命令式＋ещё！/ 119

74. Лишь бы(хоть бы) ＋ 动词不定式 / 120

75. Дай бог,чтобы... / 120

76. Охота(тебе,мне) ＋ 未完成体动词不定式！/ 121

77. Кого-что к чёрту(чертям)！/ 121

78. 第二人称命令式(单数)＋各人称代词(或名词)一格！/ 122

79. Чтобы ＋ 主语＋动词过去时！/ 122

80. Чтоб ＋ (кому 第三格代(名词) 或＋было＋谓语副词) ＋不定式 / 123

81. Я тебе ＋ 完成体将来时 / 124

82. Я тебе покажу,как ＋ 动词不定式 / 124

83. Я ＋ 人称代词三格＋дам ＋不定式！/ 125

84. ты(он)＋у меня ＋ узнать(变位),как... / 125

85. 代(名)词＋单数第二人称命令式 / 126

六、表情陈述的句式 / 127

86. 名词二格！/ 127

87. Что ＋ 名词二格！/ 128

88. 名词复数二格 ＋ раз-два и обчёлся. / 128

89. 疑问代(副)词(＋名词)＋ только не ＋ 动词谓语！/ 129

90. Только и＋言语名词二格,что＋ { о＋名词六格 / про＋名词四格 } / 129

91. (У кого,кому)Только и дела(хлопот...), что＋不定式(短语) / 130

92. Только и $\begin{cases} знать \\ делать, \\ думать... \end{cases}$ 等 $\begin{cases} что＋动词谓语…… \\ （或＋间接格名词） \end{cases}$ / 130

93. 主语＋А и А（同一动词重复）/ 131

94. （主语）А и А（А, А и А）/ 132

95. Что А, то А.（!）/ 132

96. Что ни ＋名词一格, то ＋名词一格 / 134

97. 不定式 А＋так＋不定式 А（重复词）! / 135

98. 名词 А 一格＋так＋名词 А 一格! / 135

99. 名词 А 一格 ＋ есть ＋ 名词 А 一格 / 136

100. 名（А）单一格 ＋ 名（А）单三格 ＋ рознь. / 136

101. Кто-кто, а...

    Что-что, а...

    Где-где 等, а... / 137

102. 名词 А 一格＋не＋名词 А 一格 / 138

103. 名词一格（,）и тот(та, то, те)＋谓语 / 139

104. （句子）S, и то... / 139

105. То-то и беда（горе, печаль...）, что... / 140

106. То ли дело ＋ А / 140

107. Не то что（чтобы）А, а（но）/ 141

108. Что А, что Б, ＋ $\begin{cases} 谓语动词 \\ 句子形式 \end{cases}$ / 142

109. Не то что А,（а）/ 143

110. А не то что Б / 144

111. На то＋主语＋и＋名词一格谓语（＋чтобы＋不定式）/ 144

112. Мало того что S, S / 145

113. Плохо ли, хорошо ли, а... / 146

114. 代（名）词一格（主语）＋动词变位形式 А＋не＋
    动词变位形式 А / 146

115. 代词 (кому, у кого) + → есть (было, будет) + 动词不定式 + 补语或处所状语 / 147

116. Что(кто)..., так это... / 147

117. Нет чтобы + 不定式 / 148

118. 名词一格(提位),(—)第三人称代词(复指)…… / 148

119. 名词一格(动词不定式……)——вот что... / 149

120. 名词一格——это + 带 {когда, где, кто} 等 的句子形式 / 150

121. 名词(词组)一格——чтобы 引出的从句形式 / 151

122. S + это(各格), {как, что} 引出的从句 / 151

123. Что, когда 等引出的说明从句 —— это(各格) + 谓语…… / 152

124. 名词(或词组)一格——(это) + 以-о 结尾的副词 / 152

125. Кто...,(а)кто...
　　Что...,(а)что...
　　Где(когда)...,(а)где(когда)... / 153

126. (主句),хоть + 单数第二人称命令式(从句) / 154

127. Хоть + 单数第二人称命令式(从句),…… / 155

128. Без + 名词二格 + не + 名词一格 / 155

七、表达对别、让步、条件、同意等意念的句式 / 157

129. 名词 A 一格 + 名词 A 五格…… / 157

130. А не А,(а)... / 157

131. А-то А,но(а,да...) / 158

132. (Уж)на что + 主谓结构,а(но)... / 159

133. Ну что ж, + 命令式 / 159

134. Добро бы + 谓语,а то + 谓语 / 160

135. Что бы + 不定式(或不定式的从属成分) / 161

136. Если бы не + 代(名)词一格,(то)... / 161

137. Если что,主句 / 162

138. То ＋ 名(代)词一格, а то ＋ 名(代)词一格 / 162
139. А так А. / 163
140. $\begin{Bmatrix} \text{Ну, ну и,} \\ \text{так, ну так} \end{Bmatrix}$ что ж, что ＋ А... / 164

主要参考文献 / 165

第 一 编

俄语口语概论

标准语、口语、规范

很长时间以来,语言学和语言教学往往从一种陈旧的观念出发,视标准语为磐石般的一块整体,忽视标准语的功能区分。正如澳大利亚语言学家 B. 斯蒂尔所说:"似乎语言中只有一种语体,一种功能。"这种认识歪曲了现代标准语实际情况,把标准语规范(литературная норма)看成万能的、用于所有语体的通用规范。

实际上,"语言"是一个复杂的系统,它是由许多大的具体的功能系统构成的。"这些大的系统互相紧密相关,又互不妨碍、互不破坏使之相互区别开来的界限。"(捷克学者特伦卡语)这里所说的"大的具体系统"就是现代修辞学所说的"功能语体"(функциональные стили)或言语的"功能类型"(функциональные типы речи),简称为"语体"。

关于"功能语体"的划分,语言学界尚有争论。目前一般区分为五大语体,即日常口语体(разговорный стиль)、科学语体(научный стиль)、公文事务语体(официально-деловой стиль)、报刊政论语体(газетно-публицистический стиль),和文艺语体即通常说的"文艺作品语言"(язык художественной литературы)。语体——这是语言的功能类别,是相对封闭的语言系统,用于人们活动的一定领域,为一定的交际目的服务。例如为科学领域服务的是科学语体,用于文艺创作中的语言属文艺语体,为公务和法律领域服务的是公文事务语体,而在报刊、大众信息传播方面使用的则是报刊政论语体。日常口语体用于日常交际。

日常口语体,又称为"日常口语",简称"口语"(разговорная речь),与其余四种语体相对立,那四种语体统称为"书面语体"(книжные стили),或"文语体",又叫"成文语言"(кодифицированный язык)或"文语"。在对语言不做"功能语体"研究时,语言学界也都认为标准语可以二分:书面语和口语。"现代俄罗斯标准语存在于两种基本形式:书面语和口语。这是标准语的两种平等的形态。"(苏联科学院 1980 版《Русская грамматика》,绪论)

汉语的"口语"有两个涵义:口头语言(устная речь)和日常口语(разговорная речь)。这两个涵义相关,但不相同。本书所讲的"口语(体)"是第二个涵义,是指"日常无拘束情况下的谈话言语",而不是指"口头说出来的言语"。播音员的新闻广播是口头说出来的,但却不属于"口语(体)",不是日常谈话,而是属于"报刊政论语体"的口头形式。устная речь(口头言语)包括日常口语(разговорная речь)和非日常口语(неразговорная речь)。本书所讲的"口语"指的是日常口语,也即俄语界所说的разговорная речь。

现代语言学发展的一个显著特点是对日常口语的重视。重视日常口语也是外语教学中的一个重大突破。千百年来,人们一直认为"标准语"(литературный язык)就是书面语(книжный язык),语言教学中很自然地都是以书面语材料,以文学作品为教材。其实,标准语也包括有文化的人们的日常口语。不研究、不学习日常口语,就不可能全面地了解语言,进而就不能很好地掌握一门外语。日常谈话的语言和书面写作的语言又是有区别的。俗话说,"到什么山唱什么歌",语言的使用要随具体的交际目的、任务、对象、环境为转移,所谓"言随意遣"。统一的标准语的两大组成部分,自然有其基本共性成分,但这里要强调的是:日常谈话就得使用"口语体",使用日常谈话的语言手段,而不能使用带书面语性质的语言手段,否则就会犯语体修辞错误。例如下列句子语法上是对的,但俄语口语不允许那么说:

① *По окончании ужина* позвони мне.
晚饭后给我来个电话。

По окончании чего 是典型的文语表示法,口语中应说 после ужина。

② — Дай-ка мне ручку!
"给我钢笔用一下!"
— *За неимением ручки* я дам тебе карандаш.
"我没有钢笔,给你铅笔吧。"

За неимением чего 是公文事务语体的用语,日常口语中不能用,可说 у меня нет ручки, я дам тебе карандаш。

③ Рассказал о приезде отца ——这种说法是文语用的,在日常口语中应说 Рассказал, что отец приехал。[讲他父亲来了。]

④ Я *родился в деревне, находящейся недалеко от города Харбина.* [我生在一个离哈尔滨市不远的乡村里。]写文章时可以这样写,但日常口语中不能这么说,因为日常口语中不应使用形动词、副动词。

口语和书面语各种语体都有自己的选择、组织、运用语言手段的习惯和规范。像 Чай — он горячий[茶么,可是热的];Ошибки — они бывают разные[错误有各种各样的。]这类提位—复指结构,在俄语口语中是完全正确的、常见的,但却不能用于科学语体或公文事务语体中。过去有些学者认为这种结构是"不正确的",是"句法规则的违背"(不宜用代词重复主语),他们是从书面语规范出发,而忽视了口语的规范。

P. 布达戈夫说得好:"不是所有的语言规范都是放之四海而皆准、适用于语言的所有语体的。语言上的背规现象是一种功能上的概念,而并不是绝对的。在语言存在的某一领域属于背规现象,在另一领域可能是中性的、适用的形式。"(Будагов Р. А., Литературные языки и языковые стили. М., 1967, с. 127.)

过去人们认为只有书面语有规范,而且书面语规范经过数百或千百年的研究,提炼、形成比较成熟的体系,见诸教科书、语法书、词典、参考书等典籍中,故书面语被称为 кодифицированный язык(即规则、规范形成文字的语言)。而口语,由于过去人们重视不够,很少研究,其语法规则及其规范记载甚少,故被称为 некодифицированный язык。标准的日常口语虽然不像书面语那样严格规范化,总还是有一定之规的,只不过还没有被语言学家们充分整理出来罢了。近几十年来,很多语言学家致力于口语的研究,把俄语口语的特点和规范逐渐地研究总结出来。对于口语来说,习惯、常用的说法就是其规范。

日常口语对语言材料的使用,有与书面语,与其他语体共同的地方(正是这些共同的东西构成全民语的基础),如通用词汇,一些共同的语法规则等,但也有跟书面语,与其他语体不同的地方,即有特殊性。本书正是要分析其特殊之处。例如,对于日常口语来说,不完全的回答是规范的,而完全的回答是不规范的。在口语中可以说 в цеху[在车间里了],в отпуску[度假中],但在书面语,在文语中却应该使用 в цехе, в отпуске。俄语中有 картофель 与 картошка 两个词,картошка 相当于汉语的"土豆",一般用于口语中,而 картофель 则是书面语用词,又是学名,相当于汉语的"马铃薯"。因此,说 Я поджарю картофель. [我来煎个土豆。]是不对头的,而应说 Я поджарю картошку.

口语也有标准与非标准之分。本书所讲的"口语"指标准口语。标准口语(литературная разговорная речь)是全民标准语(литературный язык)的一部分,一般指某一民族(如俄罗斯人)中有中等以上文化,通常生活于城市中的人说的口语。方言、土语及没有文化的人讲的口语不属标准口语。标准口语作为一种语体来说,主要是口头的,但也可以体现为书面形式即笔头形式,如便条、亲近之间的私人书信,以及文艺作品中的人物对话。书面上反映的口语不是自然形态的(спонтанная речь),而是经过作者加工,去粗存精的结果。

口语对于语言的发展有着重要的意义。语言中的变化、发展往往都是先在"口语中铸就的"(Л. Щерба),经过大众传媒再进入书面语中,从而丰富、改进标准语。

本书中所反映的俄语口语规范以及口语句式只能说是基本部分。其实,俄语口语现象是十分丰富多样的,但很多现象对学者们来说还是不清楚的,难以定论的。对于我国研究者和学生来说，应该了解和努力掌握标准俄语口语的基本部分，这些部分在标准口语中广泛使用，且被适用到反映口语特点的文艺作品（小说、剧本）中以及大众传媒中。本书希望在这方面能有所贡献。

俄语口语语音方面的特点

日常口语在语音、语调上有其特点。一个人日常言谈的语调和正式场合,例如做报告、讲课、新闻广播的语调完全不同。英国文豪肖伯纳有一次对外国人讲英语学习问题,他最后提醒他的听众说:"如果我回到家里用今天给诸位做报告的腔调跟我的妻子说话,那我的妻子一定以为我疯了。"这一点很重要。现在学俄语的人常常听广播,这对于提高语言水平是很有益的,但要注意切勿机械地把新闻广播的腔调搬到日常口语中。

日常口语和正式场合的口头语言,其语音规范的不同,突出地表现为发音的清晰度差,速度快,发音器官一般不紧张,不需要特别使劲。

俄罗斯人在非正式的场合或无拘束的言谈中,例如在家庭环境中,在亲近人的对话中,音发得不清晰,词末尾或中间的某(些)音常常弱化,甚至到语音脱落的程度。例如 когда[什么时候]说成 када,у тебя[你]说成 у тя,тысяча[千]说成 тыща,теперь[现在]说成 терь,говорит[说]说成 гьрит,пожалуйста[请]说成 пажалста 等等。

有些使用频率极高的词和词的组合,在日常口语中读音弱化以及某些语音脱落,已成常规现象。现把这些词语及口语中读法标示如下。

① 副词、插入语、连接词

вдруг[друк][突然]

вообще[вапш'э],[ваш'э][总是说]

в самом деле[фсамд'эл'и][果然,的确]

всё-таки[с'отк'и][仍然]

давно[дано][早就]

здесь[д'эс'],[з'эс'][在这儿]

здравствуйте[здрас'т'и][您好]

значит[знач'],[нач'ит][нач'][这就是说]

иногда[инада][有时]

как будто[кабут'ъ][好像]

как сказать[кскът][怎么说呢]

когда[када][什么时候]

когда-нибудь[кадан'нт'][随便什么时候]

конечно[каэшнъ][当然]

между прочим[随便说说]

может быть[можбыт'][мобът'][也许]

наверно[наэрнъ][大概]

нельзя[н'из'а][不可以]

несколько[н'эсъкъ][н'эска][几个]

никогда[н'када][从不]

очень[оч'н'][很]

очень хорошо[оч'харашо][很好]

первый раз[п'эрас][头一次]

потому что[птуштъ][因为]

пусть[пус'][让]

разве[раз'и][难道]

сегодня[с'одн'а][今天]

сейчас[с'ич'ас][щ'ас]

сколько[скока][多少]

совершенно[съшэнъ][完全]

совсем[са'эм][完全]

столько[стока][这么多]

так сказать[тскът'][这么说吧]

теперь[т'иэр'][现在]

тогда[тада][таа][那时]

только[тока][只]

честное слово[ч'эслова][说老实话]

чуть-чуть[ч'уч'ут'][稍微]

② 数词

во-пер(в)ых[第一,首先]

двадцать[двац'][二十]

десять[д'эс'т'][十]

пер(в)ый[第一个]

пятьдесят[п'иис'ат][五十]

семьдесят[с'эм с'ит][七十]

тридцать[тр'иц][三十]

тысяча[тыш'а][一千]

шесть[шэс'][六]

шестьдесят[ш'с'ат][六十]

③ 代词

ка(ж)дый[每个]

меня[м'а][我]

себе[сиэ][自己]

себя[с'иа][自己]

тебе[т'иэ][你]

тебя[т'иа][你]

что-то,чего-то[ч'ота][某事,某物]

④ 动词

взять[з'ат'][拿]

выйдет[выд'ит][выит][走出,得出]

говорю[гр'у][我说]

говорит[гр'ит][他说]

говоришь[гр'иш][你说]

едет[эит][他乘去]

поедешь[паj эиш][你去]

смотрел[смар'эл][看过]

смотрю[смар'у][我看]①

掌握这些常用词的日常口语读音有助于领会真正的俄语口语。

---

① 以上口语读音例证摘自 Е. А. Земская,《Русская разговорная речь». М., 1987.

俄语口语的词汇特点及特殊称名方法

1. 和标准语的书面语体不同,口语的词汇相对贫乏。直接的无拘束的对话没必要动脑"搜肠刮肚"地去寻找同义词。口语中使用的通常都是最普通、最普及的词。录音材料表明,由于口语一般是即兴的、无准备的,所以即使在文化素养高,语言水平也很高的人的话语中,也常遇到同词反复、多余的词或用词含糊(但语境使其所指具体化)的现象。例如:

① Вот у И. П., у них было так, у них вот в одной квартире, когда-то, было две комнаты. Жила мать, дочь и сын. В этих двух комнатах. Дочь вышла замуж...（摘自大学生与教师的谈话）

[伊·彼他们家情况曾是这样。他们曾有两个房间。住着母亲、女儿和儿子。住在这两个房间里。女儿后来出嫁了……]

② Всё дело в том, Лена, тут дело не в этом, тут дело, самое главное, заключается в том, что нужно, чтобы они были смежными.（摘自大学生与教师的谈话）

[问题在于,列娜,问题不在这里,最主要的问题在于要使它们俩连在一起。]

2. 日常口语除通用词之外,常常使用带有鲜明口语特征的词汇、成语,而这些词语一般又不用于其他场合,如:картошка(картофель)[土豆], девчонка(девочка,表卑)[小丫头], малыш(ребёнок)[小小子], напраслина(клевета)[诬蔑,中伤], шлёпнуться(упасть)[摔跤], здоровый(сильный)[健壮的], ужасно, страшно, больно(очень)[特别,极了], стряпать(делать)[做,搞], тупица[笨蛋], орать(кричать)[大喊大叫], никудышный(негодный, плохой)[不中用的], болтать(говорить)[唠嗑儿]等等。

表示同一概念可以并存几个词,其中有的通用(如汉语的"妻子"),有的用于文语、正式场合(如"夫人"),有的则只能用于日常言语中(如"老婆")。又如上面举出的表示"很"的страшно, ужасно, больно 只能用在口语中,而 очень 则是通用词, весьма 则只用于文语。在日常口语中使用 весьма 就不恰当了。试比较下面用例:

Мы будем *весьма* признательны, если вы пришлёте нам каталоги товаров...

［如蒙惠寄商品目录，我们将不胜感激。］

Он *ужасно* умный человек.

［他是个特聪明的人。］

Это для меня *больно* ново.

［这对我来说太新鲜了。］

3. 口语中常用成语，或短语型，或单句型。成语，特别是口语性的成语，使言语生动、形象。如以带 нос 一词者为例：

① Зима уже *на носу*.［眼看着冬天就到了。］

② встретиться *нос в нос*［面对面(相遇)］

③ (шептать, говорить) *под нос*［小声说］

④ *Не видеть дальше своего носа*.［鼠目寸光］

⑤ *совать свой нос*［多管闲事］

⑥ стукать/щёлкать/бить *по носу*［刮鼻子］

⑦ (*не*) *показать нос*［(不)露面］

⑧ *повесить нос*［垂头丧气］

⑨ *остаться с носом*［上当、受骗］

⑩ *задрать/вздернуть/нос*［翘尾巴］

俄语口语中很多熟语性组合或成语性短语用来做句中成分，说明行为的方式或客体。如 что есть силы(мочи...)/ Что есть силы 意为"使劲全身力气"(用出所有的力气)，что есть мочи 中的 мочь 也是"力气"之意，整个短语也是"竭力地"，"使劲地"的意思。что 在这里表数量，相当于 сколько，故短语中名词用第二格，同类用法如：Какой простор! Что *птицы*, что *зверя*! (Горбатов)［多辽阔的地方啊！飞鸟这么多，野兽这么多！］"что есть силы"这种短语基本上已成语化，形式固定化，证明这一点的是叙述过去事情时也用 что есть силы。

① Василий *что есть силы* заколотил в дверь! (Г. Николаева)［华西里使大劲敲门。］

② Тогда Гек завопил *что есть мочи*. (А. Гайдар)［于是盖克使劲哭叫起来。］

4. 日常口语富于表情色彩，因此口语中常见语气词、感叹词。如：

Ай да мёд!［多好的蜜呀！］

Характер у него *ой-ой-ой*!

[他的性格真够呛!]

Ну тебя!

[去你的!]

5. 俄语口语中经常使用带有指大、指小、表卑、表爱后缀的词(这些词尚可用于文艺或政论语体中),如:мама[妈妈]— мамка,мамуля,мамаша;книга[书]— книжка,книжонка;рука[手]— ручка,ручонка,ручища;письмо[信]— письмецо;изба[木房]— избёнка,избушка;день[日、天]— денёк;стол[桌子]— столик;красный[红的]— красненький;дурной[臭]— дурнущий;рано[早]— ранёхонько…

带主观评价后缀——即带指大、指小、表卑、表爱后缀的词或指大、指小,如 дом[房子]— домик[小房子],домище[大房子],或表卑、表爱,如 мама[妈妈]是通用词,而 мамка 则同时表爱("好妈妈"),избушка 和 избёнка 的区别就在于前者表爱,后者表卑("破旧的房子")。

带主观评价后缀的形容词、副词除表情色彩外,意义上有强化意味。如 рано[早]— ранёхонько[早早地],красный[红的]— красненький[红红的,红通通的],черный — чернущий[黑乎乎的],сладкий[甜的]— сладенький[甜甜的]。

日常口语常使用一些带主观评价后缀的词,赋予言语以亲切感、随便感(并不涉及事物的大小),如:

① Подождите *минуточку*!
   [请稍等!]

② *Газетку* передай.
   [把报纸递给我。]

③ Вы ошиблись *адресочком*, товарищ.
   [您记错地址了,同志。]

④ Ну, будьте здоровы, *до-свиданьица*.
   [好吧,祝您健康,再见!]

6. 俄语日常口语拥有它特有的一些称谓事物的方法和词语。

正式言语里许多用词组表示的事物名称,在口语中常常使用一个词。这里首先要指出的是形容词的名词化,正是口语的这种用法使它们后来转入一般标准语,如 больной человек → больной[病人],знакомый человек → знакомый[熟人]。

如果说 больной[病人],знакомый[熟人],сладкое[甜食],новое[新事物],учительская

［教师办公室］等已成为中性词汇，那么下列句子中的形容词名词化则带有临时性，属口语现象，在具体的言语中完全可以理解。

① Он поступил в *медицинский*（институт）
　［他考入了医学院。］

② В *книжный*（магазин）Гоголя привезли.
　［书店里新到了果戈理的书。］

③ Вера Ивановна *на учёном*（совете）?
　［维拉·伊万诺芙娜正开学术委员会的会吗？］

④ Я буду в *спальном*（мешке）спать.
　［我将用睡袋睡觉。］

一些正式的用"形＋名"组合表示的正式名称，日常口语中相应地只用名词，如：（медицинская）сестра［护士］，（детский）сад［幼儿园］，（учёный）совет［学术委员会］，（высокая）температура［发高烧］等。如：

① У тебя（повышенное）*давление*，да?
　［你有高血压，是吗？］

② *Со зрением* в армию не берут.
　［视力不好军队不要。］

③ Мама, а кто меня из *садика* заберёт?
　［妈妈，谁从幼儿园接我呀？］

④ Ольга Ивановна *на совете*.
　［奥丽迦·伊万诺芙娜在开学术委员会。］

⑤ *Сестра*! У меня *температура*...
　［护士！我发烧……］

一些常用的"动词＋名词"词组，省略名词，只用动词表示原词组的意义，如：сдать（экзамен）［考试］，поступать / поступить（в университет, институт...）［上大学］，оканчивать / окончить（школу, институт...）［中学、大学］毕业，снять（кого-н. с должности）［撤……的职务］。如：

① — Дочка вам *присылает*?
　［"女儿给你寄钱么？"］
　— Аккуратно, не жалуюсь. И сын *посылает*.

["按时寄，没说的。儿子也寄。"]

② Надя в этом году *оканчивает* и *поступает*, у нас будет лето не приведи бог.

[娜嘉今年中学毕业考大学，今年夏天可够我们忙乎的了。]

③ Я за квартиру *вношу* аккуратно.

[我按时交租。]

正式场合使用的一些词组名称，口语中有相应的名词，这些名词是在词组的基础上通过后缀法（带后缀-к(а)，-ик，-ак 等）或复合缩略法构成。如：

вечерняя газета / школа/ — вечёрка[晚报/夜校]

фуражка без козырька — бескозырка[无檐帽]

попутная машина — попутка[顺风车]

зачётная книжка — зачётка[记分册]

рабочий ночной смены — ночник[夜班工人]

туберкулёзный больной — туберкулёзник[肺病患者]

специалист по глазным болезням — глазник[眼科大夫]

ученик первого класса — первак[一年级生]

студент старшего курса — старшак[高年级生]

медная монета — медяк[硬币]

товарный поезд — товарняк[货车]

стенная газета — стенгазета[墙报]

сберегательная касса — сберкасса[储蓄所]

口语词汇中还包括一些截断词，即截断名词或形容词的后部分构成。这是语言中的"经济原则"作用的结果。如：

председатель — пред[主席]

заместитель — зам[副手]

заведующий — зав[主任]

помощник — пом[助理]

килограмм — кило[公斤]

баскетбол — баскет[篮球]

государственный экзамен — гос[国家考试]

факультативные предметы — факультативы[选修课]

口语里借喻(或叫换喻— метонимия)十分罕见,使用上也不像成文(书面)标准语那样受限制。如：

① Завтра у нас *кафедра*（用 кафедра 代替 заседание кафедры）

　[明天我们开教研室会。]

② Ты *Ожегова* принёс?（用人名指代其著作）

　[你带来奥热果夫词典了么?]

③ Мы всю *Наташу* съели.

　[我们把娜塔莎做的菜全吃了。]

④ *На русском языке*（即 на уроках русского языка）мы узнаём много нового.

　[在俄语课上我们学到很多新知识。]

有很多借喻说法在口语中出现后,慢慢地流行,最后成为中性的标准语用法。

7. 值得注意的是：在日常口语中常常使用一些特殊的句法结构来称谓人或物。例如：

① *Молоко разносит* не приходила ещё?

　[送牛奶的还没来过吗?]

② *У кого детей нет* редко дачу снимают.

　[没有孩子的(人)很少租别墅。]

③ *В очках* зовёт тебя.

　[一个戴眼镜的(人)叫你。]

④ У тебя нет *чем писать*?

　[你有没有可以用来写字的东西?]

俄语口语中用来称名的句法结构大致有以下几种：

1) 带关联词(联系用语)的副句形式

① *У кого детей нет* редко дачу снимают.[没有孩子的(人)很少租别墅。]

试比较：Люди, у которых детей нет, редко снимают дачу. 在这里 у которых детей нет 这个从句结构用作主语。

② Принимают только *кто с талонами*.[只接待有饭票的。]

试比较：Принимают только тех, кто с талонами. 在这里从句形式 кто с талонами 做补语。

③ *Чья очередь* входите.[排到号的请进。]

④ *Кто первый* можете войти.［谁是头一个可以进来。］

⑤ У тебя есть *куда яблоки положить*?［你有放苹果的器皿吗?］

⑥ Ему нужно *чем связать*.［他需要捆东西的绳子。］

当带关联词的副句形式做主语或呼语时,谓语的性、数按实际意义一致。

2) 无主语的"动词谓语＋从属词"型不完全句子形式

在这种情况下,从属词放在动词谓语之前。

① *Над нами живут* в Киев переезжают.

　　［住在我们上头的一家要往基辅搬。］

试比较:Люди／жильцы／,которые над нами живут,в Киев переезжают.

② *Окно разбил* из вашей группы?

　　［打碎玻璃的那个学生是你们班的吗?］

试比较:Ученик,который окно разбил,из вашей группы?

③ *Картошку продаёт* не приходила сегодня?

　　［卖土豆的(那个女子)今天没来吗?］

试比较:Женщина,которая продаёт картошку,не приходила сегодня?

④ *У двери лежала* утром выписалась.

　　［靠房门的那个(女患者)今天早上出院了。］

试比较:Пациентка,которая лежала у двери,утром выписалась.

3) "前置词＋名词间接格"结构

① У вас есть *от кашля* ／＝ лекарство от кашля／?

　　［你有治咳嗽的药么?］

② *У окна*! Потише разговаривайте!

　　［靠窗子的!说话声小一点!］

③ *В красной юбке* моя подруга. ／＝ девушка в красной юбке／

　　［穿红裙子的(姑娘)是我的女友。］

④ *С небольшими усиками* его брат.

　　［留小胡子的那位是他的哥哥。］

4) 有时也使用"代词＋名词词组","形容词＋名词"等,如:

① *Задняя площадка* / проходите вперед!

［(站在)后面平台上的,往前面来!］

② *Чья посылка* / подойдите сюда.

［谁的邮包上这儿来取。］

③ *Чья очередь* / входите.

［排到号的请进。］

俄语口语的词法特点

在词法方面，口语也有一系列特点。

1. 有些语法形式带有口语性质。例如生活中常用的计量单位 грамм[克], килограмм[公斤], гектар[顷], 其复数二格口语中常用秃尾形式: сто грамм[100 克], пять килограмм[5 公斤], 而书面语中却应用带词尾-ов 的形式。

有些阳性名词单数第六格词尾有-е, -у(ю) 两种形式。前者通用, 后者则用于口语, 如: в доме — в дому[在家里], в отпуске — в отпуску[度假], в цехе — в цеху[在车间里], в чае — в чаю(在茶里)等。

2. 俄语口语词法上一个明显的特点是"第一格的扩张"（экспансия именительного падежа）, 即按严谨的书面语语法规则应该用间接格的场合, 口语中常用第一格形式取而代之。如:

① *Два часа* тебе хватит? ("Театр")

[两小时你够吗?]

(书面语: Двух часов тебе хватит?)

② *Время* нету совсем. (Рощин)

[时间嘛根本没有。]

(书面语: Времени нет совсем.)

③ *Какой этаж* вы живёте?

[您住在几层?]

(书面语: На каком этаже вы живёте?)

④ *Пушкинская* выходите?

[您在普希金站下车吗?]

(书面语: Вы не выходите на Пушкинской станции?)

⑤ Я уже смотрела "*Война и мир*".

[我已经看了《战争与和平》。]

（书面语：Я уже смотрела "Войну и мир".）

在日常口语中,在答句里常通用第一格来替代严谨语法要求的间接格。如：

① — С чем пирожки?
　　— *Мясо，капуста.*
　"馅饼里头有什么？"
　"肉、白菜。"
　（试比较：С мясом，капустой.）

② — А из чего она сделана?
　　— *искусственный мех*
　"这衣服用的什么料？"
　"人造革。"
　（书面语：из искусственного меха.）

③ — Поедем на поезде?
　　— *нет，пароход.*
　"坐火车去？"
　"不，轮船。"
　（书面语：на пароходе.）

　　口语和书面语是两种不同的语言功能系统。从现代口语的规范来说,大多数学者(如 Земская，Лаптева，Бондалетов① 等)认为,上述第一格的使用是允许的,不能算是错误。"第一格的扩张"通常出现在句首。口语是现场进行的,无准备的言语活动,说话人首先想到某事物的概念,而这概念的原始形式是第一格,因此先说出第一格,然后再接其他语法形式。

　　3. 在俄语口语中,数词的变化趋向于简化,合成数词往往仅变最开头或最后一、二成素,甚至完全不变格。例如按严谨的语法规范,уехал с 5575 рублями［带着5575卢布走了］应说成：уехал с пятью тысячами пятьюстами семьюдесятью пятью рублями. 但口头说出来这太费劲了。口语讲求经济、简洁,因此在日常口语中可说成：уехал с пять тысяча пятьсот семьдесят пятью рублями.

　　口语的这种用法已逐渐进入文艺语言与新闻政论语言,如：

---

① Замская Е．，А．Русская разговорная речь：лингвистический анализ и проблемы обучения. М.，1979，с.75—76. Бандалетов В．Д．и др. Стилистика русского языка. М.，1983. с.259—260.

① Завершена работа *над двадцать девятью* темами.（А. Толстой）（按严谨语法应为 над двадцатью девятью）

　　［完成了29个课题。］

② ...между тем как русские воюют *с двести сорока дивизиями*.（Н. Вирта）（试比较正规说法：с двумястами сорока дивизиями）

　　［……而俄国人却同240个德国师在作战。］

表示"分配意义"的前置词 по 与 пять 以上数词以及 много, сколько 等词连用时，按严谨语法规范，数词应用第三格，但口语中则通常用第四格。如：

① *По пять* тонн.［各5吨。］

② Армия двигалась очень быстро: *по тридцать*, *сорок* и более километров в сутки.（Симонов）

　　［部队挺进很快：一昼夜行进三十、四十，甚至更多公里。］

③ *По сколько* рублей вы получаете?

　　［您一个月挣多少卢布？］

④ Живут *по несколько* семей в квартире.

　　［一个单元里住好几户人家。］

口语中数量数词可以直接与物质名词连用，表示相应物质的"份"（порция），如：два молока［两份牛奶］，две ваты［两份棉花］，три пива［三杯啤酒］。

4. 口语中通常使用形容词单一式比较级形式，如说 Вода здесь холоднее.［这里的水比较凉。］不说 более холодная。而最高级，口语则使用复合式形式，如说 самая холодная вода，而不说 холоднейшая вода。

俄语口语中常用同一形容词的重叠或带前缀 пре-, раз- 的形容词来表示特征的强烈。如：предобрый［极善良的］, развесёлый［极快活的］, добрый-предобрый［极善良的］。如：

Он такой *огромный-огромный*！［他好大好大！］

① Мой папа — *самый-самый* главный.

　　［我的爸爸是最最主要的。］

② Выросла редька *большая-пребольшая*.

　　［萝卜长得可大啦。］

5. 在口语中，动词的陈述式、命令式和假定式形式都得到了充分的使用。口语中常用现在时形式讲述过去的事情。如：

① *Возвращаюсь* вчера с работы, *иду* по центральной улице, вдруг *слышу* за своей спиной знакомый голос...

[昨天我下班回家,走在中央大街上,忽然听见背后有个熟悉的声音……]

② Вот Коля Шумилов. Три года назад, когда я на практике здесь была и занималась с первоклассниками, он меня *спрашивает*: "Тётя учительница, почему вода в море солёная?" Я ему *говорю*: "Подумай сам!", он сел, а в конце урока вдруг он *заявляет*: "Я, — говорит, — догадался,..." (из пьесы)

[这是科利亚·舒米洛夫。三年前,当我在这里实习,教一年级的时候,他问我:"老师阿姨,海水为什么是咸的呀?"我对他说:"你自己想想看。"他坐下了,快下课时他突然大声说:"我猜到了……"]

口语中也常用现在时表达将要发生的行为。如:

① Завтра мы *уезжаем* в Пекин.

[明天我们去北京。]

② В четверг я *делаю* доклад.

[星期四我要做报告。]

一些运动动词的过去时形式用来表示马上就要实现的行为,则更是口语的特点,如:

① Ну, я *пошёл*!

[好啦,我走啦!]

② Мы *поехали*. Вернёмся через час.

[我们走啦,一小时后回来。]

一些表示失败、倒霉、死亡意义的完成体动词,口语中也常用过去时形式表示必不可免的结果,如:

① Нам пора назад, очень, пора! Мы к обеду *опоздали*.

[我们得赶紧回去了!我们赶不上吃午饭了。]

② Придите на помощь, а то мы *погибли*.

[快来帮忙呵,不然我们非垮不可。]

口语中第二人称命令式形式常用于非命令式意义,可与任何人称的单、复数主语连用,或表示泛指人称行为,或表示动作的不得已,动作的不可能性,以及虚拟条件意义等。如:

① Все время шумят. Вот *отдохни*!

［老是吵闹不休。叫人怎么休息呀！］

② Все ушли на прогулку, а я *сиди* и *сторожи* дома.
　　　［大家都去散步了，而我却得坐在家里看门。］

③ *Прочитай* он эту статью, вопрос был бы ясен.
　　　［他若是读了这篇论文，问题就会明白了。］

6. 正如大家所熟知的，现代俄语中用来招呼别人（呼语）时，一般使用名词第一格形式。近几十年来，在俄语口语中（以及反映口语特点的文艺作品中），广泛使用一种新的呼语形式(звательная форма)。

① *Мам* /= мама/, я пошёл!
　　　［妈妈，我走啦！］

② Как дела, *док* /= доктор/? (Юность, 1981, №2)
　　　［怎么样啊，大夫？］

这种新的呼语形式使用日益广泛。目前看来主要用于人名和表示亲属关系的名词。有以下两种形式。

去掉第一格词尾— а, (-я), 如：папа — пап, Зина — Зин, Яша — Яш, Оля — Оль, Володя — Володь.

① Этого, *Миш* / Миша/, я не понял. ("Театр", 1980)
　　　［这个，米沙，我没懂。］

② *Кать*! а *Кать*, возьми меня с собой!
　　　［卡佳，啊卡佳，带我一起去吧！］

③ *Ба*(бабушка), дай чего-нибудь поесть. ("Театр")
　　　［外婆，给点吃的。］

④ Я не знаю, *Ник*(Николай), я не знаю. (там же)
　　　［我不知道，尼古拉，我不知道。］

7. 俄语日常口语中虚词，特别是语气词，以及感叹词用得特别多，这些词赋予口语各种各样的感情色彩，表达各种表情评价意义，以至成为特定句式的结构要素。如：

① Сиди *знай*! Да помалкивай!
　　　［你坐你的！但不要吱声！］

② Не хотел работать, *вот и* крал.

[我不想干活,于是就偷盗。]

③ *Вот* мёд, *так* мёд!

[多好的蜂蜜呀!]

④ *Что за* вопрос!

[这是哪门子问题呀!]

⑤ *Ну-ка* расскажи, как доехал!

[喂,讲讲你怎么到的!]

8. 从反面来说,日常口语中不使用形动词、副动词(作副词的副动词以及表示结果状态的短尾被动形动词除外)以及带主体五格的被动反身动词,因为形动词、副动词(以及形动词短语、副动词短语)和被动态结构属文语现象。文章、文字材料中可写为:

① Лекция читается профессором Ивановым.

[课由伊万诺夫教授讲。]

② Я встретился с товарищем, работавшим в Москве.

[我遇见一位曾在莫斯科工作的同志。]

③ Окончив университет, он будет работать на заводе.

[大学毕业之后他将去工厂工作。]

在日常口语中不能这么说,相应地要说成:

Лекцию читает профессор Иванов.

Я встретился с товарищем, который / кто, что / работал в Москве.

Когда он окончит университет, (或 После университета) он будет работать на заводе.

9. 这里顺便谈谈不定代(副)词。口语中一般不用带-либо 的不定代(副)词,如кто-либо, где-либо, 而用带-нибудь 的不定代副词,如 кто-нибудь, где-нибудь, 前者属书面语现象。

一般用不定代词或限定代词表示"随便、不分什么、谁、何处……"及"任何人、任何地方……"等意思,日常口语中常用。

"疑问代(副)词+угодно(或 попало),谓语用过去时形式表达。"这是很具口语特色的表达法。如:

① Эту работу может сделать *кто угодно*.
　　［这个工作随便谁都能做。］
② С ней можно говорить *о чём угодно*.
　　［跟她谈什么都行。］
③ Играйте *где угодно*.
　　［随便在哪里去玩吧。］
④ Он читал *где попало*.
　　［他随便在什么地方都能读书。］
⑤ Он торопился и ел *что попало*.
　　［他着急，碰到什么就吃什么。］
⑥ Он раздавал значки *кому попало*.
　　［他把徽章碰到谁散给谁。］

五 俄语口语的句法特点

1 一般用不完全句

和书面语相比，口语句法的显著特点是其"结构的不完整性"。О. Сиротинина 指出："在日常口语中实际上几乎见不到完全句。"①这是由口语交际的特点决定的。口语交际总是在现实、具体的环境中进行，"对语境有强烈的依赖性"。有时一个词，甚至一个动作，一个表情就可以达到交际的目的。例如，一个人要水喝，他只要说"Чаю!"或"Воды!"就够了。另外，现代生活的节奏要求口头交际简洁明快，用完全句往往显得罗嗦，不自然。Е. А. Земская 曾举过一个很好的口语句法例子：

— Где вы были вчера вечером?
— В театре.
— В каком?
— В Большом.
["昨天晚上您去哪儿了？"
"我去剧院了。"
"哪个剧院？"
"大剧院。"]

如果把从结构系统看缺位的言语成分填补进去，反而显得累赘，不自然，违反口语规范。试比较：

— Где вы были вчера вечером?
— *Вчера вечером* я был в театре.

---

① Современная разговорная речь и её особенности. с. 101.

— В каком театре *вы были вчера вечером*?

— *Вчера вечером я был* в Большом театре.

日常会话中，省略已知词语乃是一种规律。如在回答结构里，答话往往不重复问话的节点。如：

— А за что вы меня здесь держите?

— (Я держу вас здесь)за то, что вы больны. (Чехов)

"您为什么把我留在这儿？"

"因为您生病了。"

— Зачем вы заперли дверь?

— Затем, чтобы сюда никто не вошёл.

"为什么你锁上门？"

"为了不让人进来。"

在教学中我们常常可以看到，有些教师在训练学生口语时，总是要求学生说完全句。殊不知这是不合乎口语的语言规范的。

口语交际与具体语境紧密相连，没必要说出那些不说对方也都明白的词语，而总是强调、突出某个重点、某个侧面。如买手提包(сумка)时，用手指着某一个说：

Покажите *зелёную*!

［把绿色的拿给我看看！］

Передайте вон *ту*...

［请把那个拿给我……］

又如时间的表示，涉及钟点"时"、"分"时，日常口语往往不说 час（часов），минута（минут）：

— Приду в половине *девятого*（часа）.［我8点半来。］

又如：

— Вам сколько лет?

— *Семьдесят пять*（лет）.

［"您多大年纪？"

"75。"］

俄语口语中，跟汉语口语一样，在对话言语里，句子常常由一两个词构成，如：

— Вы слышали?

— Что?

— Спор.

— Нет. Какой?

— Власа с Замысловым.

— Нет.

— Жаль.（М. Горький）

["你听到了么？"

"听到什么？"

"争吵。"

"没有。谁争吵？"

"弗拉萨跟查梅斯洛夫。"

"没有。"

"遗憾。"]

又如：

— Ну как?［怎么样？］

— Купила.［买啦。］或：

— не понравился.［不喜欢。］

在俄语口语中，言语成分省略到可以只剩一个虚词，甚至是一个前置词。例如，招待客人的一段话：

— Вам чаю или кофе?

— *Чаю.*

— С сахаром или без?

— *Без.*

["您要用点茶还是咖啡？"

"茶吧。"

"加不加糖？"

"不加。"]

② 零位动词谓语结构

俄语口语中使用甚广的一种不完全句，就是零位动词谓语。如：

① Они завтра в Пекин, потом в Шанхай.
　[他们明天去北京，然后去上海。]

② Ужинать, не ждите, я на футбол.
　[晚饭不要等我，我去看足球比赛。]

这两个句子里就是零位动词谓语结构。从句中词与词之间的语法—语义关系，我们可以推出没有出现的运动动词：1) едут, поедут, уезжают；2) иду, пойду, еду, поеду. 这种特殊的句子结构有时很难填补什么动词，填上反而显得不自然。如：Где он сейчас? — Сейчас он дома. 放上 находится 就不好，不自然了。

由于日常口语对语言环境有极大的依赖性，通常都是在具体的言语环境中进行的，因此动词略而不用也不会影响交际。根据言语条件（句中出现的词汇和语法关系）很容易确定略去的动词谓语的语义类型。

俄语口语中常见的零位动词结构有以下几种类型：

1) 零位运动动词结构：

① Я к ней обычно (езжу) на трамвае.
　[我通常是乘有轨电车上她那儿去。]

② Ты (вернёшься) скоро?
　[你很快就回来么？]

③ Ты оставайся здесь. Мы с ним погулять (пошли).
　[你留在这儿吧。我和他去散步。]

2) 零位言语动词结构：

① Вы (говорите) про вчерашний фильм, да?
　[你们是谈昨天的电影吧？]

② Не очень-то это интересно, ты (говори) покороче.
　[这没什么意思，你最好说简短些。]

③ Вы бы (говорили) яснее, ярче как-нибудь.
　[您最好讲清楚些，鲜明些。]

④ Они по-русски(говорят)вполне прилично,почти без акцента.

[他们的俄语说得很好,发音几乎纯正。]

⑤ Это я в шутку.

[我这是开开玩笑。]

3) 其他实义动词零位结构:

① Он каждое утро(занимается)гимнастикой. Регулярно.

[他每天早晨做操。很有规律。]

② У вас дочка(катается)на коньках?

[您女儿滑冰吗?]

③ Ну,с моими знаниями русского я,наверно,так за неделю(прочту)эту книжку.

[以我的俄语知识(水平)我一周时间准能读完这本书。]

④ Он эту собаку(отбил)палкой,а то бы укусила.

[他用棍子把这条狗打走了,不然非咬伤不可。]

4) 表示"给予","拿取","接受"意义的零位动词结构:

① Я вам сегодня(дам)рубль,а остальные завтра. Ладно?

[我今天给你一卢布,其余的明天给你。行吗?]

② — Он сколько(получает)?

["他拿多少?"]

— Он сто двадцать.

["他拿120卢布。"]

③ — Можно(взять)листок бумаги,товарищ мастер?[①]

["可以拿张纸吗,工长?"]

— Пожалуйста.

["可以。"]

零位的可能是动词合成谓语或不定式、无人称句主要成分的一部分(常为不定式部分)如:

① Я люблю(ходить)пешком.

---

① [注]部分例证摘自 Е. А. Земская 主编《Русская разговорная речь》. М. ,1973.

　　　　[我喜欢步行。]
　② Я не мог(сказать)об этом.
　　　　[我不能讲这个。]
　③ Нельзя так(поступать).
　　　　[不可这样行事。]
　④ Где(можно)остановиться?
　　　　[可以住在哪里?]

应该指出,零位动词谓语结构是俄语区别于汉语的一大特点:汉语与俄语正相反,在有主语和次要成分时一般动词谓语不能省略,试比较:

　　　　— Ты куда?
　　　　— 你上哪儿去?

③ 特殊谓语形式

口语拥有其他书面语所不能使用的它所特有的句法结构——各种特殊的谓语形式。
1) 实体动词变位形式的无连接词组合。如:

　① *Сестар стояла держала* ламну.(Лесков)(书面语应为:Сестра стояла и держала...)
　　　　[姐姐拿着灯站在那里。]
　② Народ на нас *стоит смотрит*.(Лесков)(书面语应为:Народ стоит и смотрит...)
　　　　[人们站在那里看着我们。]
　③ *Пойдём закажем* ещё по стакану кофе.(书面语应为:Пойдём и закажем...)
　　　　[我们(每人)再去订一杯咖啡。]
　④ Заходи! *Посидим чайку попьём*.(试比较:Посидим и чайку попьём.)
　　　　[请进! 坐下喝杯茶。]

这里,第一个动词一般表示状态或运动意义。
2) 同一动词的不定式形式＋变位形式。如:

　① *Уехать я* никуда *не уеду*.
　　　　[去我是哪儿也不去。]
　② Я *прийти приду*,этих дел без меня не бывает.
　　　　[来我是一定要来,这些事离了我不行。]

③ Письмо *получить-то* я *получил*, но ещё не ответил.

　　〔信我倒是收到了，但还未回复。〕

④ *Сказать не сказал*, а подумал.

　　〔说虽未说，可是想过。〕

这类谓语形式富有表情色彩。

3) 同一动词陈述式形式的叠用，表示动作的持续意义。如：

① *Ехали, ехали* они, и вдруг напала на них жажда.

　　〔他们走了一程又一程，突然感到口渴。〕

② Ну что ты *сидишь и сидишь*?

　　〔你怎么老是坐着？〕

③ Я *ходила-ходила*, *думала-думал*, потом подошла к матери и говорю: "Мама, завтра я уезжаю на фронт."

　　〔我走来走去，想了又想，后来走到母亲跟前说："妈妈，我明天要上前线。"〕

4) 同一命令式形式叠用，表示强烈的祈使意义。如：

① *Иди, иди*! Не мешай!

　　〔去吧，去吧！别打扰。〕

② Что же вы стоите? *Входите, входите*!

　　〔你们站在这儿干嘛？进来，进来呀！〕

③ Что молчишь? *Говори, говори*!

　　〔干嘛不吱声，说呀，说呀！〕

5) 同根动词（多为变位形式）的叠用，通常用于强调动作的强烈、持久程度，具有鲜明的修辞色彩。如：

① Вот *ждёт-пождёт*, а хвост лишь более примерзает. (Крылов)

　　〔（狐狸）等呵等呵，尾巴冻得越来越实。〕

② *Хожу-похожу*, соломинку зубами со скуки кусаю...

　　〔我踱来踱去，由于无聊，嘴里嚼着稻草……〕

③ Я послала документы в университет. *Жду не дождусь* ответа.

　　〔我把材料已寄到大学去了。正焦急地等答复。〕

④ Любит он музыку: целый день *слушает не наслушается*.

[他喜欢音乐:整天地听个没够。]

⑤ *Пахать* нам *не перепахать*.
　　[我们耕也耕不完。]

这类谓语带有成语性质,能这样用的动词有限。结构上,第一种(见例1,2),由未完成体动词现在时形式＋带前缀 по-(вы-,про-)的完成体动词(表示动作持续一定时间)将来时形式构成;第二种(例如3,4),由"未完成体动词＋не＋带前缀 на-的完成体动词"构成,表示长时间进行而达不到界限(终结,结果),一般为现在时—将来时形式,也可能是不定式形式。

6) 动词变位形式＋同根副词或名词第五格,如:

① Мы же ещё молодые. Как можно *сиднем сидеть* на одном месте всё лето.
　　[我们都还年青,整个夏天能总呆一个地方?]

② Вот заслышали мы: русский человек в тайге *голосом голосит*...
　　[我们听见一个俄国人在原始森林里大声喊叫……]

③ Наши старики *смехом смеялись*, как такое услышали.
　　[听到这个之后,我们的老人们大笑起来。]

④ Вон руки *ходуном ходят*.
　　[瞧,手都抖起来了。]

这类谓语带有强烈的口语—民诗色彩,表示动作的强烈、充分、显而易见。但结构相当固定。副词一般带后缀-ом,-ма,-мя,所用名词也都是阳性带词尾-ом者,因此数量有限,常见的有:

　　　есть поедом[吃],дрожать дрожма / -мя/[颤抖],жить живмя[生活],гореть горма / -мя/[燃烧],выть. войма / -мя/[嚎叫]/[颤抖],ходить ходуном...[走动]голосом голосить[喊叫],бегом бежать[跑],воем выть,рёвом реветь[吼叫],смехом смеяться[笑],ходом ходить[走]等。

7) 用感叹词性动词(又叫动词性感叹词)作谓语,表示动作是突然的,瞬间的。多为拟声性词,往往与带后缀-ну-ть 的动词过去时形式相对应,如:

Кошка *прыг* на стол — Кошка *прыгнула* на стол.(猫一下蹦到桌子上。)这种谓语形式与主语不构成一致联系。

① Он / она / *хлоп* его.
　　[他(她)"啪"地拍打了他一下。]

② Татьяна *прыг* в другие сени. (Пушкин)

[达姬雅娜一下跳到另一个穿堂里去。]

③ Окунь сорвался с крючка, запрыгал по травке... *бултых* в воду. (Чехов)

[鲈鱼挣脱了鱼钩，在青草上蹦跳起来，忽然扑通一声跳进水中。]

④ Летела ворона над рекой. Смотрит — ползёт рак. Ворона *хап* его и уселась на ветке закусить. (Л. Толстой)

[一只乌鸦在河上飞，看见有一只虾在爬。乌鸦一下叼住了它，飞上枝头去吃。]

8) 用未完成体动词不定式做谓语，表示主体突然发出的、强烈的、持续的动作。通常用于过去时意义。如：

① Татьяна ах! А он / медведь / *реветь*. (Пушкин)

[达姬雅娜"呵！"地叫了一声，而熊也大声嗥叫起来。]

② Мы крикнули, а он — *бежать*.

[我们喊了一声，而它撒腿就跑。]

③ И царица *хохотать*, и плечами *пожимать*, и *подмигивать* глазами, и *прищёлкивать* перстами... (Пушкин)

[于是皇后大笑起来，耸了耸肩膀，眨巴眨巴眼睛，拧响手指头……]

在这种不定式做谓语的句子里，主语可以是任何人称、性、数的代词或名词。

有时在不定式之前加语气词 давай 或 ну，表示开始意义。如：

① Баба остановила мою бричку и *давай плакать*. (Пушкин)

[那村妇拉住我的马车，大哭起来。]

② Первушин помолчал, пожевал губами, *да и ну спрашивать* меня. (Тургенев)

[别尔乌申沉默了片刻，咬了咬嘴唇，于是开始询问起我来。]

9) 由两个意义相近的动词（中间有连字符-）结合而成的动词谓语。两个动词所表示的行为性质相近，可看做一个复合整体。如：

① Кто *кормить-поить* тебя будет?

[谁来供你吃喝呢？]

② *Пить-есть* надо, а меня никто не берёт.

[我需要吃喝，可是没人要我。]

③ Он всегда *встречал-провожал*, а сегодня его не было.

[他总是又接又送的,可是今天他没来。]

④ Моё дело — *покупать-продавать*.
[我的事情是做买卖。]

⑤ Что же ты меня совсем *бросил-позабыл*?
[你怎么把我给忘了,不管我了?]

这类组合不多,常见的有:

обуть-одеть[穿戴],пить-гулять[吃喝玩乐],купить-продать[买卖],пить-есть[吃喝],поить-кормить[供吃喝],бросить-позабыть[忘掉],прийти-прилететь[来到],стонать-кричать[呻吟叫喊],петь-танцевать[又歌又舞],писать-читать[写写读读]等。

10) 用"взять+主要动词"的变位形式做谓语,表示突然、意外发生的行为。взять 作为辅助动词,表示这种突然性、意外性。两个动词的这种组合常用于过去时,也可用于将来时,常用连接词 да,и,да и。如:

① Мы надеялись, что он останется, а он *взял да и ушёл*.
[我们希望他留下来,可他却突然走了。]

② Он *возьмёт и скажет* об этом отцу, что мы тогда будем делать?
[他若是把这事告诉父亲,那时我们可怎么办?]

③ Какой ты отец? Вот *возьму да и удавлюсь*!
[你算哪份父亲?我还不如去上吊!]

④ Она *возьмёт и заплачет*, закричит на весь дом.
[她会突然大哭大叫,让全楼都听见。]

11) 用与主语不发生协调一致联系的单数第二人称命令式形式做谓语,此时它不表示祈使意义,而表示其他情态意义,如"不得已","不可能","突然","假如"等。如:

① Ты бегаешь, а я тебя *ищи*.
[你到处乱跑,我得去找你。]

② Как же это? Они в нас стреляют, а мы их и пальчиком *не тронь*?
[这怎么行?他们向我们开枪,我们却不能动他们一根毫毛?]

③ В эту-то Дуняшу *и влюбись* Аким! (Тургенев)
[阿基姆若是突然爱上这个杜尼雅莎呢?]

④ *Не люби* он народ, *не думай* о том, как живётся трудящимся, разве он пошёл бы в милицию?

［他若是不爱民，不关心劳动人民的疾苦，能去当民警么？］

12) 口语中还可用感叹词做谓语。如：

① Она всё *ох да ах*.

［她老是哎呀呀的。］

② Характер у неё *ой-ой-ой*.

［她的性格真够受。］

③ Дела *увы и ах*. (Чехов)

［事情糟糕得很。］

④ Наш бригадир — *ого-го*！(Корнейчук)

［我们的生产队长棒极啦！］

这种谓语富于表情色彩。感叹词表达相应的动作(如例①)或性质评价意义。

13) 口语中常用语气词 да 或 нет 来充当句子的谓语。此时 да 或 нет 分别代替前面话语中的肯定形式的谓语或否定形式的谓语(及其从属成分)，避免重复，表达简洁明快。如：

① — Разве они такие точные?

— Они — *нет*, но их немецкие инструкторы — *да*. (Симонов)

［"难道他们就那么精准？"

"他们倒不是，但他们的德国教练可是。"］

② В первый раз боялась, а теперь *нет*. (Симонов)

［头一回害怕了，可现在不怕。］

③ — Ты валяешь дурака. Ты сейчас разыгрываешь меня. Да?

— Сейчас *нет*. Весь этот месяц — *да*. А сейчас *нет*. (Симонов)

［"你装糊涂。你现在耍弄我。是吧。"

"现在不是。整个这一个月是。可现在不是。"］

④ — Он пойдет на это.

— Он *да*, а я *нет*. (Симонов)

［"他去干。"

"他干，可我不干。"］

14) 口语中经常使用一些成语做句子的结构要素，或为谓语，或为无人称句的主要成分，例如：

① Без твоей помощи я *нуль без палочки*.(Горький)

　　[没有你的帮助我啥也不行。]

② Биография у парня *с воробьиный нос*.(Песков)

　　[这小伙子的经历极少(原意:短小)。]

③ Они,брат,французы,*себе на уме*.(Чехов)

　　[他们法国人,老弟,都很精明。]

④ Рыбы — *хоть руками таскай*.

　　[鱼多得很。]

⑤ У него денег *куры не клюют*.

　　[他手中有的是钱。]

15) 口语中,充当谓语的可能是句子形式——一般是带关联词(относительное слово)的从句,加系词это,揭示主语名词的内涵。如:

① Репутация — это когда тебе доверяют.

　　[好的声誉就是人们对你信任。]

② Пенсионер — это кто уже не работает.

　　[领养老金者就是已经不工作的人。]

❹ 常见"按意思一致"(Врач пришла 类)现象

俄语中有些表人名词只有阳性,而没有对应的阴性词,如 товарищ[同志],инженер[工程师],врач[医生],бригадир[生产班长,队长],секретарь[书记,秘书],судья[法官],директор[厂长、经理]等等。这些词也用来指称女性。按着严谨的书面语语法规范,当这类名词指女人时,定语和谓语也要用阳性(因是阳性名词!)如:

① Екатерина Иванова — наш новый директор.

　　[叶卡捷琳娜·伊万诺娃是我们的新校长。]

② Прибыл новый директор,Екатерина Иванова.

　　[新校长,叶·伊万诺娃到任了。]

为了表示出女性,常常不得不加上女人的姓或同位语 женщина(девушка...),这时定语和谓语才可以用阴性形式。

　　Министр Иванова *отметила*...

[伊万诺娃部长指出……]

Ковалевская — выдающийся русский *математик*... *первая* в мире *женщина-профессор*（БСЭ）.

[科瓦列芙斯卡娅是俄国卓越的数学家，……世界上第一位女教授。]

但在口语中，阳性名词指称女人时广泛使用阴性谓语，体现"意思上的一致"，如：

① Секретарь *вышла*.

[（女）秘书走出来了。]

② Директор у нас очень *строгая*.

[我们的女经理很严厉。]

③ Всю ночь *просидела молодой врач* у постели пострадавшего.

[年轻（女）大夫在受伤者床边守了一夜。]

这种主、谓语"意思上的一致"也已渗透到文艺作品和报刊、广播语言中。苏联科学院1980年版«Русская грамматика»已肯定了这种现象的规范性质。

至于只有阳性的名词用阴性定语，«Русская грамматика»指出：用阴性定语在无拘束的口语中可以，但比较少见，且一般应以用第一格为限。如：Всю ночь просидела *молодая врач*...[年轻的女大夫……守了一夜。]

⑤ 广泛使用独词句

口语中广泛使用独词句（слово-предложение）。在对话言语中，人们往往用一个语气词、感叹词等（或组合）来表达须用若干词来表达的内容。例如在表达对对方的提问或说法的肯定回答时，常用 Да[是的]，Конечно[当然啦]，А как же，А то，А то как же[那还用说]等独词句。

试举对"您来吗？"的回答为例：

— Вы придёте?

[您来吗？]

— Да.

[是的。或：来。]

— Конечно.（！）

[当然。或：当然啦！]

— Разумеется!

[那还用说!]

— Ещё бы!

[那还用说!]

— А то!

[当然啦!]

— А то как же?!

[那还用说?!]

— А то что же?

[那能不来哪?]

又如,表示同意去干某事,俄语口语中常用下列独词句:

— Ваня, пойдём в кино!

[瓦尼亚,咱们去看电影吧!]

— Хорошо.

[好吧。]

— Ладно.

[行吧。]

— Идёт.

[行,可以。]

— С удовольствием.

[很乐意。]

— Пожалуй.

[也好,行吧。]

— Ну что ж (пойдём).

[那就去吧]

— Давай(те)!

[去吧!]

⑥ 常用称名结构

俄语口语中经常使用称名结构。称名结构通常由名词第一格(也可能是代词、数词、数

词—名词词组的第一格)构成,该名词可能带说明语。如:

① Снимаю трубку. *Взволнованный голос.*
　　[我拿起听筒。听到激动的声音。]

② — Куда он?
　　["他上哪儿去?"]
　　— В больницу, *трудная операция.*
　　["去医院,有个困难的手术。"]

③ *Шестой класс*, а у него одни тройки.
　　[六年级了,可他全是三分。]

无动词谓语的称名结构,在具体的上下文中都能表达相当完整的意思,使言语简洁、明快,符合日常口语的需要。

称名结构是指其结构要素是第一格形式,即称名格形式(форма номинативного падежа),其功能则不单是指出事物的名称,而是形成一个表述(высказывание),表达事物的存在,以及其他各种语义关系。例如:Вхожу. *Книги, цветы.* 意为:Вхожу и вижу книги, цветы. [我走进去,看见有书,有花。]又如:*Автобус! Автобус!* По шуму, вот видите, можно узнать. [汽车来了! 听声音,你看,就可知道。]这里的 Автобус! 意为 Автобус идёт!

口语中(以及反映口语特点的文艺作品中)的称名结构通常表示:

1) 事物、现象的存在。如:

① Чу, *песня! Знакомые звуки!* (Некрасов)
　　[听,歌声! 多么熟悉的歌声呵!]

② *Мама, коровы!* — кричала девочка.
　　["妈妈,牛!"小女孩喊道。]

③ *И дождь, и ветер.*
　　[又下雨,又刮风。]

④ *Вот огонь.* Закурите.
　　[这儿有火。吸烟吧。]

⑤ *Вот один самолёт, вон другой, вон третий.* Какие они красивые!
　　[瞧,一架飞机,第二架,第三架。这些飞机多美呀!]

带语气词 вот(指近前事物),вон(指远处事物)明显地表示事物的存在。

⑥ Я, когда езжу поездом, на каждую будку путевого объездчика смотрю с завистью.

Соскочил бы с поезда, поселился бы где-нибудь у чёрта на куличках! *Лес, ружьё, огород, пенсия*! Живи, береги своё здоровье. (Г. Николаева)
〔当我坐火车旅行时，我总是怀着羡慕的心情望着每一个巡道员的岗棚。我真想从火车上跳下去，居住在遥远遥远的地方。那里有森林，有猎枪、菜园，还有退休金！好好过日子吧！爱惜自己的身体吧！〕

2) 某种活动、某种状态的存在。如：

① Учился в школе. Потом аттестат зрелости. *Балтийский завод*.
〔在中学读书。毕业后入波罗的海工厂工作。〕

② Раз, *такси* — *вы* в аэропорту, два, *самолёт* — вы уже в Симферополе.
〔先坐出租汽车去机场，然后乘飞机，您就到辛菲罗波尔了。〕

3) 表示原因、结果、条件、让步等意义。这些意义是以事物、现象、情景、活动、状态的存在为基础，存在于上下文中，是称名句（本身表存在）与相关句共同形成的。如：

① Не пойду в лес: *комары*.
〔我不去森林：那里有蚊子。〕

② *Восемнадцать лет*, всякое платье идёт.
〔18岁啦，穿什么衣服都行。〕

③ Спать не хочется. *Костёр, песня, танцы*.
〔不想睡。因为有篝火，有歌舞。〕

4) 表示评价意义。如：

① Молодец!
〔好样儿的！〕

② Красота!
〔真美呀！〕

③ Песня всем песням!
〔这是最好的歌！〕

这第四种句子不是表示事物、现象、活动的存在，也可看做是省略了主语的不完全句。Песня всем песням 是一种特殊的成语性句子。

7 多用无连接词

从总体上说,俄语口语中简单句多用于复合句,而在复合句范围内,多用无连接词句。这是俄语口语区别于其他语体,区别于书面语的突出特点。例如:

① — В кино не хочешь?
   ["想去看电影吗?"]
   — Билеты купишь — пойду.
   (试比较:Если билеты купишь, то пойду.)
   ["你若是能买到票,我就去。"]

② — Ну, я пошёл.
   [好啦,我走啦。]
   — Доберёшься — сразу позвони. (试比较:Когда 或 После того как доберёшься, сразу позвони.)
   [到了后马上打电话。]

③ А ты где был, я тебе звонила? (试比较:А ты где был, когда я тебе звонила?)
   [我给你打电话时你去哪儿了?]

④ Ты ничего не купила, я пойду? (试比较:Раз ты ничего не купила, то я пойду и куплю. Хорошо?)
   [你什么也没买来,那我去买吧?]

由于没有连接词,有的句子孤立地看可能有不同理解,但在具体的言语场合,借助语调和词序等手段句子的意思是明确的。

8 使用紧缩结构

俄语口语中广泛使用各种紧缩结构。所谓紧缩结构就是常规的主从复合句通过省略某些成素(主要是指示词和重复的动词),把原来的从句融于主句中,从而紧缩简化成为一个像简单句又不是简单句,由复合句向简单句过渡的特殊句法现象,紧缩后的从句变为句子的一个类似句子成分的成分。试比较:

① Положили в сумку всё, что надо было.

Положили в сумку что надо было... / Гайдар/

［所需要的东西都放进书包里了。］

又如

② Не говори того, чего не слудует говорить!

Не говори чего не следует!（Г. Марков）

［不该说的别说！］

紧缩后，原从句变成句子的一个成分，与该句的其他成分发生语法关系。
再看下面的例子：

① Да выходи *за кого хочешь*！（Достоевский）

［你想嫁给谁就嫁给谁！］

② Спроси *у кого хочешь*...（Гайдар）

［你愿意问谁就问谁……］

③ Отдам деньги Плетнёву или *кому велишь*.（Некрасов）

［我把钱交给普列特尼奥夫或你吩咐的人。］

④ Возьми *кого знаешь*,— дело твоё.（Мельников-Печерский）

［带上你了解的人，——那是你的事。］

⑤ Занимаюсь *чем нужно*.（Золотова）

［我干我要干的事。］

⑥ Будешь работать *с кем прикажут*.

［命令你跟谁干你就跟谁干。］

⑦ — А ты о чём с Лютиком разговариваешь?

— А *про что хочешь*, про всё...（А. Рутько）

"你跟留吉克谈什么？"

"想谈什么就谈什么，什么都谈……"

　　从上面例子中可以看到，这类紧缩结构具有结构简短的特点，反映了语言"节约化"趋势，很自然地广泛用在口语以及反映口语特点的文艺作品中。从句紧缩为原主句的一个成分，其语法关系取决于它在句中的地位，如例① выходить за кого — выходи за кого хочешь，例⑦ разговаривать про что — про что хочешь.

　　关于紧缩句子结构在本书第二编将分几种格式详加分析。

　　紧缩结构通常保留原从句中的关联词（联系用语），如例②：чего не следует。但在俄罗斯人日常口语中有时我们看到，关联词也去掉，如：Над нами живут уехали в Москву. [住在我们楼上的人去莫斯科了] —— Жильцы, которые живут над нами, уехали в Москву. 这里名词 жильцы 和其后的关联词 которые 都去掉了。这里的 над нами живут 可以看做是名物化了，这是构成俄语口语的人或物的特殊称名方式之一。又如：

Окно разбил из вашей группы?
[打碎玻璃的那个学生是你们班的吧？]
（试比较：Ученик, который окно разбил...）

有的特殊名称中有疑问词，但该疑问词的形式受同它一起构成名称的动词制约，而不受句中谓语动词制约，如：

① Дай *чем писать*!
[给我个可以用来写字的东西！]

② Мне вашей цифры не надо. Мне надо *где жить*. (В. Померанцев)
[我不要你的数字，我要的是一个住处。]

Окно разбил, чем писать, где жить 保留原来的形式，相当于一个名词，其语法形式具有独立性，试比较：Дай чем писать! — Дай карандаш! 这种名物化的句子结构和上面讲的紧缩句子结构有所不同。

9 常出现接续—分解结构

1）由于口语一般是事先无准备的，没有经过事先考虑安排的，所以在言语过程中，因言尽意未了，而接着又要追加补充。追加补充的言语片断可能是句子成分（词或词组），也可能是一个句子。如：

① Я читал очень интересную книгу. *Вчера вечером*. (状语)
[我读了一本很有意思的书。昨天晚上。]
（试比较：Вчера вечером я читал...）

② Дайте воды, *холодной*. (定语)
[给我点水。凉的。]
（试比较：Дайте холодной воды.）

③ Подожду. *Один месяц*. (状语)
[我等。等上一个月。]

(试比较：Подожду один месяц.)

④ Не стоит портить друг другу жизнь. *Из-за пустяков.* (Ю. Бондарев)(状语)

[不要互相消耗生命。因为一些琐事。]

(比较：Не стоит портить друг другу жизнь из-за пустяков.)

⑤ Мальчик каждый день читает. *Не только учебник, но и стихи.* (补语)

[这男孩天天读书。不仅读课本，还读诗。]

(试比较：Мальчик каждый день читает не только учебник, но и стихи.)

⑥ У Елены беда тут стряслась. *Большая.* (定语)

[叶莲娜遭到了不幸。很大的不幸。]

(试比较：У Елены тут стряслась большай беда.)

⑦ У радиста был хороший слух. *И хорошая рука.* (主语)

[报务员听力很好。还有一双能干的手。]

⑧ Вы не знаете, как я стремилась сюда. *И боялась.* (谓语)

[您都不知道我多么想到这儿来。同时又很害怕。]

(试比较：Вы не знаете, как я стремилась сюда и боялась.)

2) 口语中常见的接续—分解结构可以是词语，即这种或那种句子成分，也可以是句子结构，特别常见的是带连接词或关联词的从句。例如：

① В следующую встречу об этом поговорим. *Если захочется.* (从句)

[下次见面时谈谈这个。如果有兴致的话。]

(试比较：В следующую встречу поговорим, если захочется.)

② Ну ещё такая деталь: считаю тебя товарищем. *Которого рад видеть и по поводу и без повода.* (从句)

[还有一点：我把你看作朋友。有事没事都乐意见到的朋友。]

(试比较：...считаю тебя товарищем, которого рад видеть...)

③ Эта музыка! *Как будто тебя хоронят.*

[这里啥音乐！好像是给你送葬呢。]

④ Мне надо уйти от тебя. *Пока не поздно.* (К. Симонов)

[我得离开你家。趁着现在还不晚。]

⑤ ...Кроме того, деньги мне нужны. *Так что нечего возмущаться.* (Н. Давыдова)

[……此外，我需要钱用。所以没必要生气。]

3) 在对话结构中,接话人可以根据前一说话人的话头,用带连接词或关联词的从句形式接着补叙下去,尤其常用从句形式作为回答(如下面例③)。这当然是日常口语的特有现象。如:

① Людмила. Вот видишь! А приглашаешь меня в загс.
Китаев. *Потому что влюбился*.(М. Горький)
[柳德米拉:你瞧啊!竟然请我去结婚登记处!
基塔耶夫:因为爱上你了。]

② Агопян: У меня договор с ними.
Букшан: *Который они нарушили*.(М. Себастиан)
[阿高皮扬:我和他们签有合同。
布克尚:合同已被他们违背了。]

③ Фурманов:Сколько так сидеть будем?
Андрей: *Пока приказ не получим*.(Ю. Чапурин)
[富尔曼诺夫:我们要坐多久呀?
安德烈:直到命令下达时。]

从上面的例子中可以看到,接续—分解结构从内容上看是追加补充的,从形式上看,这种结构是从前面句子中分解出来的,虽分解出来,但又与前面句子保持着语法联系,故不是完全独立的句法现象。

这种口语结构在当代文艺性作品中很常见。作家不仅以此反映口语特点,而且也以此来突出强调某一意思。

⑩ 常出现提位—复指结构

口语中常出现提位—复指结构。由于口语的即兴性,无准备性,说话人往往先说出某种事物现象的名称(用第一格形式),然后再用代词指代,加以叙述,复指用的代词不一定是第一格,根据在句中的句法地位可能是各种格。如:

① *Словарная работа* / она очень трудная.
[词汇工作很难。]

② *Чай* / он горячий.
[茶呀,是热的。]

③ *Дети / от них* шум всегда.

　　[孩子们,他们总是吵吵闹闹的。]

④ *Автобус / в нём* всегда народу много.

　　[公共汽车里老是好多人。]

现在口语的这种提位—复指结构也常出现于反映口语特点的言语作品中,但在严谨的书面语中不能用。我们上面用"/"号表示口头言语中的切分,写在书面上则用逗号或破折号,如:

① *Ваши родители*, сколько им лет?

　　[你们的父母,他们多大年纪了?]

② *Язык* — он имеет безграничную сферу действия.

　　[语言——它有着无限的活动范围。]

有时复指的部分不是代词,而是同一名词的复用,但变为所要求的格。如:

① *Папа / папа* сейчас в больнице.

　　[爸爸呀,爸爸现在在医院里。]

② *Дождь / дождя* давно не было.

　　[雨呀,好久没下雨了。]

提位—复指属于口语的"冗余"现象。

⓫ 从句形式与词(词组)同等并列

口语有其特定的不同于书面语(文语)的语言规范,在口语中有许多句法形式的错合现象。前面我们已指出口语中句子形式充当句子成分现象,这里要特别提出的是从句成分与句子形式的并列,具体说,是从句形式和词形(或词组)在口语句中起同等成分作用。如:

① Меня интересовало *не это*, *а что* думали в Англии насчёт второго фронта.(从句改变功能,与 это 共起同等主语作用,二者用对别连接词 не—а 连接)。

　　[我关心的不是这个,而是英国对于开辟第二战场有什么想法。]

　　(文语中这句话应写为:Меня интересовало не это, а то, что думали...)

② Но главное было *не в еде*, *а что* он плотно сидит рядом со всеми на равном положении.(что 引出的从句形式与 в еде 共起同等谓语作用。)

　　[但主要的不在于吃饭,而是他和大家在一起平起平坐。]

(试比较：Но главное было *не в еде*, *а в том*, *что он плотно рядом сидит...*）

③ Я думал уже *о форме плана и как героя назову*. （从句形式与 о форме плана 共起同等成分——补语作用。）

[我考虑了作品布局形式以及主人公的称呼。]

(试比较：Я думал уже *о форме плана и о том*, *как героя назову*.)

④ А с Лизой надо будет назначить свидание *у Ивановых или где она сама укажет*. （从句形式与 у Ивановых 共同起同等处所状语作用。）

[跟丽莎要确定一次约会，地点在伊万诺夫家或在她自己提出的地方。]

⑤ И теперь нелегко было выбрать дерево, *красивое и пышное и которое не жалко было бы выбросить и срубить*. （从句形式与 красивое и пышное 共起同等定语作用。）

[现在要选一棵既好看又茂密，同时又舍得砍掉扔掉的树可不容易了。]

⑫ 词序相当自由多样

与书面语相比，俄语口语的词序具有很大的自由性和高度变异性。在严谨的书面语中，说一个人怎样，常规词序是"主语＋谓语"，如：Она упрямая. [她固执。]Я не ленив. [我并不懒惰。]而在口语中，除上述词序外，完全可说成：Упрямая она, с ней трудно иметь дело. [她很固执，跟她很难打交道。]Не ленив я! [我并不懒惰嘛！]

在严谨的书面语中，疑问词一般都放在句首，如：

Когда он к вам придёт? [他什么时候来您这儿？]

Кто он тебе? [他是你什么人？]

Что он тебе пишет? [他给你写什么？]

而在口语中疑问词完全不一定放在句首，试比较：

Когда он к вам придёт?

Он *когда* к вам придёт?

Он к вам *когда* придёт?

Он к вам придёт *когда*?

Кто он тебе?

Он *кто* тебе?

Он тебе *кто*?

Что он тебе пишет?

Он *что* тебе пишет?

Он тебе пишет *что*?

— А *почему* молчишь? [为什么不吱声?]

— А молчишь *почему*?

在书面语中,客体补语在动词之后,如:Люблю брата. [我爱哥哥。] Занимаюсь русским языком. [我在学俄语。] 而在口语中,客体补语可(也常常)放在动词之前,如:

Люблю *брата*.

Брата люблю.

Занимаюсь *русским языком*.

Русским языком занимаюсь.

Я зову *Машу*. [我在喊玛莎。]

Я *Машу* зову.

在书面语中,一致定语要放在被限定名词之前,而非一致定语则放在被限定名词之后,而口语中除上述正常词序外,还允许把两者的位置倒过来。试比较:

Подул *сильный ветер*. [刮起了大风。]

Подул *ветер сильный*.

Жена брата завтра приезжает. [嫂子明天来。]

Брата жена завтра приезжает.

口语中状语的位置也比较自由。如书面语词序:Я сильно ударился [我撞得很重。] 口语中可说 Я ударился сильно. 口语中程度状语倾向后置。

在口语中相关联的词的位置可能被隔离开,如:

Купили *кожаную куртку*. [买了件皮夹克。(正常词序)]

Куртку купили *кожаную*. (口语中允许的词序)

从以上例子中可见,口语词序比较自由,在书面语只有一种词序的情况下,口语词序可有多种变化。

词序倒装在书面语中是突出某一成分的手段,如 Широка страна моя родная. [我的祖国多么辽阔广大。] 一句,谓语 широка 提前,起突出强调作用。在口语中,突出的成分主要是通过语调强调出来。例如,句子的疑问中心(未知)虽不放在句首,但仍可通过语调突出出来,因为逻辑重音落在该词上面。如：

  Он *когда* к вам придёт?

  Он придёт к вам *когда*?

  Он живёт теперь *где*?

  口语复句中使用的连接词的词序也有较大的自由性：不仅像通常那样紧放在主句之后或从句的开头，还可以放在从句中间或末尾，如：

  ① Холодно, потому что ветер.

  ② Холодно, ветер *потому что*.

   ［冷，因为有风。］

  ③ *Когда* он вернётся, напомните ему.

  ④ Он вернётся *что* Пётр Иваныч уже вернулся?

   ［当他回来时，提醒他一声。］

  ⑤ Ты знаешь, *что* Пётр Иваныч уже вернулся?

  ⑥ Ты знаешь, Пётр Иваныч *что* уже вернулся?

   ［你知道彼得·伊万内奇已经回来了么？］

⑬ 主句与从句位置比较自由

  在书面语中，主从复合句各分句—主句和从句位序一般都比较固定，界限分明，而在口语中，主、从句的位置则相对自由。如口语中常把说明从句前置：

  Что волки жадны — всякий знает. (试比较：Всякий знает, что волки жадны.)

  ［狼贪婪，是人所共知的。］

  又如：Все устали, потому что жарко. ［大家都累了，因为天气热。］书面语规范是不可把 потому что 引出的从句前置的，但口语可说 Потому что было жарко, все устали.

  特别要指出的是口语中主从句可互相渗入。

  1) 从句插在主句中，如：

  ① Мне / *что он приехал* / говорили.

   (试比较：Мне говорили, что он приехал.)

   ［人们告诉我说，他来了。］

  ② Они ушли уже / *когда он приехал* / в кино.

（试比较：Они ушли уже в кино, когда он приехал.）

［他来到时他们已经去电影院了。］

③ Ему будет / *если не придёшь* / обидно.

（试比较：Ему будет обидно, если не придёшь.）

［你不来他会不高兴的。］

2) 主句插在从句中，如：

① Ножей / *жаль* / что нет.

（试比较：Жаль, что нет ножей.）

［刀没有，真遗憾。］

② Носки / *я рада* / что купила.

（试比较：Я рада, что носки купила.）

［买到了袜子，我很高兴。］

③ Он / *я слышал* / уже уехал.

（试比较：Я слышал, что он уже уехал.）

［我听说他已经走了。］

14 俄语口语拥有许多特有的句式

这部分内容见本书第二编："常用俄语口语句式"。

日常口语中的应酬用语

1 问候、道别、道谢、道歉及称呼

日常交际，免不了使用一些应酬用语。俄罗斯人在问候、告别、致谢时形成了一套比较固定的言语表达方式。要与俄罗斯人打交道就得懂得这些"言语语法"规则。

1) 问候

见面时问候，最常用的是 Здравствуй(те)！［你（您、你们）好！］

比较礼貌（但不如 Здравствуй(те) 常用）的问候用语是 Доброе утро！［早上好！］，Добрый день！［您好！］（中国人不习惯说："日安！"）Добрый вечер！［晚上好！］

近些年来，比较熟悉的人（多为中青年）之间广泛使用 Привет！［你好！］由 Привет！衍生出来的 Приветик！［你好！］带有狎昵色彩。

老辈人有时也用 Доброго здоровья！［您好！］

2) 道别

道别时最常用的、修辞上中性的用语是 До свидания！［再见！］。

另一常用的道别词为 пока：Пока！［再见！］这个词用于短时分手（на короткое время）场合。如果是长时分离，或明知不能再见面时，则用 Прощай(те)！［再见啦！别了！］

很快再见面——用 До(скорой)встречи！或用 До вечера！［晚上见！］До воскресения！［星期天见！］До понедельника！［星期一见！］До завтра！［明天见！］

告别时还常用 Всего хорошего(доброго, лучшего)！（本来的意思是"祝万事顺遂！"）关系随便不拘时也可用 Всего！

客人要出远门，谈话对方则留在家或留在当地，要走的人常说 Счастливо оставаться！［字面原义为"留下好！"］以及简化形式（关系亲近时用）Счастливо！［再见！］

在正式场合告别时也用 Позвольте попрощаться！Разрешите попрощаться（проститься）！［请允许我告辞；告辞了。］

3) 道谢，道歉

道谢，最常用的是 Спасибо! ［谢谢！］Благодарю! ［谢谢！］Большое спасибо! 或 Огромное спасибо! ［太感谢啦！多谢！］

在正式场合，郑重的说法为：Очень（крайне，чрезвычайно）признателен(-льна,-льны)! ［非常感激！］Я вам очень обязан(а)! ［非常感谢您！］Разрешите вас поблагодарить! ［请允许我向您致谢！］

道歉常用词语为 Извини(те)! Прости(те)! ［对不起！］Виноват(а)［对不起。］常常同时再加 пожалуйста。如 Извините, пожалуйста! ［请原谅！］

郑重、正式场合可用：Прошу прощения! ［请原谅！］Приношу вам (свои) извинения.［我向您表示歉意。］

4) 求助或打扰时用语

打扰别人，询问或求人帮忙时，常说：Будьте добры；郑重口气为 Будьте любезны［借光、劳驾，对不起］。如：

Будьте добры, Елену Павловну.［劳驾，请找叶莲娜·帕夫洛芙娜接电话。］

正式、郑重场合，常说：Сделайте одолжение,...［劳驾，……］Не откажите в любезности...［劳驾……］等。

日常口语中的称呼

1 一般社交中的称呼

俄国人习惯与成年人打交道时用"名＋父称"称呼对方，如 Анна Петровна！Иван Петрович！很熟悉、要好的人，可呼其名，如 Алёша！Катя！Игорь！在非正式场合一般不用职称词称呼，这和中国人习惯不同，中国人常称"（王）经理"，"（李）书记"，俄罗斯人不习惯这种称呼。

过去常用 товарищ［同志］，苏联解体后，社会政治制度发生变化，товарищ 现只用于党团、军队等环境中，日常生活中已不怎么使用了。господин［先生］带有正式、郑重色彩，日常招呼也不适用。到目前为止，在俄罗斯还没有形成一个类似以前通用的 товарищ 那样的共性称呼。

俄语中使用"名＋父称"时，其前不能再加 товарищ，господин 等词，不能说 Товарищ Иван Петрович！［伊万·彼得罗维奇同志！］

如果是对陌生人（不知对方姓名时）打招呼，为引起对方注意，可不加称呼词，直接说 Простите,…；Извините,…［对不起］；Будьте добры,…［劳驾］；Скажите,…［请问……］

对陌生的年轻人打招呼，男性可用 молодой человек，女性则用 девушка。如：

Молодой человек！Где почта？［年轻人，邮局在哪里？］

Девушка！Три конверта, пожалуйста.［姑娘！买三个信封。］

девушка 一词在当代俄语中广泛用于年龄不算老的女性，特别是对商业、服务行业人员，如对女售货员：

Девушка, покажите эту синюю (шляпу)！［售货员，把这蓝色的（帽子）给我看看！］

Девушка, на Москву завтра нет？［姑娘，明天去莫斯科的票有吗？］

招呼医生要用 доктор（不可用 врач!），招呼护士用 сестра（或 сестричка），但不用 медсестра。如：

Доктор! У меня голова болит.［大夫，我头疼。］

Сестра! Мне назначен укол.［护士！我要打针。］

对民警、军人、公务员可使用 Товарищ милиционер!［民警同志！］Товарищ майор!［少校同志！］

一般说，俄语习惯不用职称、身分词来招呼对方。例如不应直呼 Продавец!［售货员］Кассир!［收款员！］Милиционер!［民警！］Врач!［医生！］Преподаватель!［教员（教师）！］等等，其前加上 товарищ（如 Товарищ полковник!［上校同志！］Товарищ продавец!［售货员同志！］）则可以。直接称呼时不能用阴性表人名词，如不可说 Товарищ продавщица! 之类。

在俄国人日常交际中，对陌生的老年人，对年龄较大、辈份高的老年人，可呼 Папаша!［（老）大爷！］，Мамаша!［老大娘！］。小孩对长辈，常呼 Дядя / Дяденька/!［伯伯、叔叔！］Тётя / Тётенька /!［阿姨！］Бабушка!［（老）奶奶！］Дедушка!［（老）爷爷！］成年人对陌生小孩可呼 Мальчик! Девочка!

② 特定场合中的"描写型"呼语

在一些特定场合，如在公共车辆上、车站、医院等服务于大众的地方，常听到一些口语特有的"描写性"呼语，如：汉语中，我们经常听到：

"去北京的，这边排队！"

"没票的，请买票！"

"十五号，菜好了！"

俄语中也如此。如在公共车辆上，可听到乘务员喊：

С ребёнком!（或 *У кого ребёнок*!）Пройди вперёд!［抱小孩的！请到前边来！］

Кто у вокзала выходит, приготовьтесь к выходу!［要在这个车站下车的，请准备下车！］

护士喊排号的患者：

Кто первый / кто к зубному /, пройдите!［谁第一号/谁看牙/请过来！］

俄语口语中常见下述类型的"描写性"呼语：

1) 以 что(包括间接格)为核心词构成的句子。此时基干句谓语用第二人称命令式。如：

① *Кто будет платить*, проходите сюда!
　[谁交钱请过来！]

② *Кому Рижский вокзал*, выходите сейчас!
　[谁在里加站下车,请做好下车准备！]

③ Погасите свет, пожалуйста, *кто там поближе*.
　[靠灯近的请关灯。]

④ Проходите, *у кого мелочь*!
　[谁有零钱请过来！]

书面广告上也常见此类呼语：

　Кому нужна ёлка, обращайтесь в контору шестого участка!
　[谁需要圣诞树,请与第六社区办公室联系！]

我们把"кто＋谓语"部分判定为呼语,因为基本句的谓语是用第二人称命令式(表受话方)表示的。这一点是关键,如果没有第二人称命令式,那么带 кто 结构的句子,就可能是复合句从句,如：

　Кому холодно, я могу снять майку.
　[谁若是冷的话,我可以把毛背心脱下来。]（意为：Если кому холодно, я могу снять майку.）

2) 不带 кто 的句子形式或词组,如：

① Продвигайтесь, *середина*, вперёд!
　[中间的,向前面活动！]

② Одну секундочку подождите *чья очередь*.
　[排到号的,请等一下。]

③ *С чемоданом*! Проходите сюда!
　[拿手提箱的！到这儿来！]

④ *На банках*, как фамилия?
　[拔火罐的,姓什么？]

⑤ *Желающие посетить кинотеатр "Москва"*, выходите на Колхозной площади.
　[想去"莫斯科"电影院的,请在集体农庄广场下车。]

日常口语中请求、劝告等的表达法

1 请求对方做某事，一般使用下列表达方式

（1）"命令式（＋пожалуйста）"（пожалуйста 是礼貌用语，可用可不用。пожалуйста 可放在命令式之前或之后），如：

　　Ребята, помогите!
　　[小伙子们，帮帮忙！]
　　Покажите, пожалуйста, эти чёрные!
　　[请把这双黑色的给我看看！]
　　Миша, дай посмотреть, как ты текст перевёл.
　　[米沙，给我看看你怎么译的课文。]

（2）"Прошу/просим＋动词不定式……"，如：

　　　　Бери что хочешь, только *прошу тебя обращаться* с книгами как можно осторожнее.
　　[愿借什么书随便拿好了，只是请你尽可能爱护书籍。]

也可以用"хочу попросить..."或"хотел бы попросить"形式，口气更为缓和有礼。如：

　　Иван Петрович, *хочу попросить* Вас прочитать мою статью...
　　[伊万·彼得罗维奇，我想请您看一遍我的论文……]

（3）谓语用假定式表示，这种形式口气委婉，突出了愿望意义。如：

　　Иван Петрович, *проводили бы* вы меня домой.
　　[伊万·彼得罗维奇，您送我回家吧。]
　　Катя, *сыграла бы* нам что-нибудь.

[卡嘉,给我们弹个曲子听听吧。]

(4) 用疑问句式"Могли бы вы＋动词不定式……?",如:

Девушка, *могли бы вы* показать мне этот словарь?
[姑娘,您把这部辞典拿给我看看好吗?]

用疑问句式表达请求是一种比较礼貌、比较委婉的表达方式。俄国人(欧洲人一般都如此)还常用带 не 的疑问句形式表达请求,注意此时 не 实际上失掉了否定意义。常用的带 не 的表示请求的疑问句有以下几种:

(5) "Вы не можете ＋动词不定式……?"

Вы не можете прийти завтра?
[您明天能来吗?]

Не можете ли вы подвинуться?
[您能不能挪动一下?]

(6) "Вы не＋动词第二人称陈述式……?"

Вы не разменяете мне сто рублей?
[您能不能给我破开(兑换)一百卢布?]

Вы не подарите мне этот портрет?
[您能把这幅肖像画赠给我吗?]

Вы 常不出现,如:

Не скажете, как попасть в Центральный магазин?
[请问去中央商场怎么走?]

Время не скажете?
[请问现在几点钟了?]

2) 请求对方允许自己做什么,常用下列表达形式,如:

(1) "Могу ли я ＋动词不定式……?"

Могу ли я вам *помочь*?
[我能帮您一下吗?]

(2) "Можно мне ＋动词不定式……?"

Можно мне у вас *позвонить*?

[我可以在您这儿打个电话吗?]

Можно вас *попросить* подвинуться?
[可以请您挪一挪么?]

(3) "Нельзя ли мне ＋动词不定式……?"

Нельзя ли мне у вас *позвонить*?
[我可以在您这儿打个电话么?]

Нельзя ли мне посидеть здесь?
[我可以在这儿坐一会儿吗?]

(4) "Разрешите мне / Позвольте мне ＋动词不定式……"
这种形式相对而言比较客气,郑重。

Разрешите мне представиться.
[请允许我自我介绍一下。]

Разрешите мне вам помочь.
[请让我来帮帮您。]

也可用"не разрешите / позвольте(＋ли)＋动词不定式……",如:

Не позвольте(*ли*) *мне теперь, отдохнуть*?
[现在我可以休息一会儿吗?]

3) 建议、劝告
俄语口语中表达建议、劝告,除了用动词命令式句而外,常用下列表达形式:
(1) 用假定式作句子核心成分,如:

Саша, *сходил бы* ты *погулять*.
[萨沙,你去散散步吧。]

Вы *бы* в милицию *обратились*.
[您应该去找公安局。]

这种表达方式语气委婉、缓和,而用动词命令式则往往缺少委婉口气。试比较:

Саша, *сходи погулять*. [萨沙,去散散步!]

(2) 用"动词不定式＋бы"作句子核心成分,如:

Вам в постельку *лечь поспать* бы. (Маяковский)

[您该躺在床上睡一会儿。]

Вам бы отдохнуть.

[您该休息休息啦。]

(3) 用"He＋动词不定式＋вам(тебе)...?"句式，如：

Не зайти ли вам к врачу?

[您是不是该去看医生？]

Не написать ли тебе письмо матери?

[您该给母亲写封信吧？]

(4) 用"Не пора ли тебе / вам ＋动词不定式……?"形式，意思与(3)相同，如：

Тебе не пора ли собираться на вокзал? (А. Платонов)

[你是不是该去车站了？]

Не пора ли тебе спать, дочка?

[你该睡觉了吧，女儿？]

(5) 用"ты / вы не ＋完成体动词将来时……?"形式，如：

Коля, ты не напишешь письмо матери?

[科利亚，你不给母亲写封信么？]

Вы к нему не зайдёте, Иван Иванович?

[您不去看看他么，伊万·伊万诺维奇？]

上述疑问句形式常用来表达劝告、建议、语气缓和、委婉。其中的 не 实质上已失去否定意义。

4) 劝禁、警告

让人不要去干什么，最常见的表达形式是：

① не ＋未完成体命令式！

② не＋未完成体不定式！

第二种形式口气断然、强硬，不能滥用。

Не разговаривайте! Слушайте внимательно!

[别说话！注意听！]

Молчать! Не разговаривать!

[不许吱声！不许交谈！]

Без стука не входить!

［不敲门不得进入室内！］

③ 比较客气但又比较严肃的表达方式是"Прошу / просим не ＋未完成体动词不定式……"，如：

Прошу не курить.

［请不要吸烟。］

Просим не шуметь.

［请不要喧哗。］

④ 有时也用"не＋动词复数第三人称形式……"，这种形式比较迂迴（不直接针对谈话对方，带有泛指性）。如：

Товарици(Господа)，здесь не курят!

［同志们(先生们)，这里不能吸烟！］

也可说成：

Товарищи(Господа)，здесь нельзя курить.

［同志们(先生们)，这里不能吸烟。］

Товарищи(Господа)，здесь курить запрещается.

［同志们(先生们)，这里禁止吸烟。］

提醒、警告对方注意，防止出现意外的情况、不良结果，则用："Смотри / те，не＋完成体动词命令式！"，如：

① *Смотри，не упади*！

［小心，别跌倒！］

② *Смотрите，не потеряйте билеты*！

［当心，别把票丢了！］

第 二 编

常用俄语口语句式

口语句式引论

1. 俄语口语在句法上的特点最为突出,其中很重要的一个方面是口语有着许多特殊的句子格式(以下简称**句式**)。这些句式具有明显的口语特色,为严谨的文语(книжный язык)以及正式的口头言语所不用。但除日常言谈之外,在反映口语特色的文艺作品中,也广泛使用口语结构。

研究俄语的人都有一个共同的感觉,就是俄语口语结构不好懂,不好用。究其原因,有二:一是传统语言学对口语关注不够,有关口语结构语法文献很少;二是口语结构本身比较特殊、复杂,有时形义矛盾,不好理解。*Вот это шляпа!* 这个句子,容易被理解为"这是帽子!"其实不然,乃是褒意评价句:"这真是个好帽子呀!"又如:

Какой простор! Что зверя, что птицы! [多么辽阔的地方!这么多野兽!这么多飞鸟!]"что+名词二格"这种句式令很多人感到费解。

我们这里准备比较系统地介绍一些(共选收 140 个)俄语常用口语句式。描写的方式是先给 句式 ,然后提供例句,各个例句为便于读者理解均附有译文(这可以说是本书的特点之一)。例句基本上是我们从俄语文艺作品中摘出的,也有的摘自有关参考资料;最后给予[解析],从句式的结构特点到意义加以分析,指出用法上的注意事项。

2. 现在俄语教学中,尤其是低年级,所讲的"口语","口语句型",都是指 устная речь——口头言语,这种教学的目的在于让学生能张口说话,能进行口头交流。现在书店里出售的"俄语口语教程","实用俄语口语句典"等,都是指"口头言语"的"口语",而不是"日常口语"(разговорная речь)。我们这本书所讲的、所分析的是 русская разговорная речь。我们讲的口语特点、口语句式,是日常口语的特点,是日常口语中使用的句式。

所谓"口语句式"是指在日常口语中广泛使用、带有口语语体特色,一般不为书面语(除反映口语特点的文学、政论作品外)所用的句子构造模型。例如:

—— Посмотри на ноги:

—— Ну что? *Ноги как ноги.* (Е. Габрилович)

"你看那两条腿！"

"腿又怎的？平平常常的两条腿嘛。"

Ноги как ноги 就是（日常）口语句式（名¹ как 名¹）的体现。如果我们说成 Это обыкновенные ноги！就是一个普普通通的"中性"句子。

所谓"句式"——指"句子模式（构造）"（схема предложния，也叫 образец 或 модель предложения）。"句子模式"，简称"句式"（也称"句型"），是造句的"样板"（образец）。根据"句式"可以造出同型、同类语义的句子。这就是说，凡"句式"都具有相当的生产能力。例如按 Ноги как ноги 的句式我们可以造出同类句子：

— Как дела？

— *Дела как дела*. Работаем.（Е. Кутузов）

"工作怎么样？"

"平平常常。工作就是了。"

— Как вам нравится этот город？

— *Город как город*. Ничего особенного.

"你看这座城市如何？"

"平平常常的城市嘛。没有什么特殊的地方。"

又如，按"Ай да ＋ 名¹！"句式可造出下列语句：

Ай да мёд！［这蜜太棒了！］

Ай да шляпа！［多好的帽子呀！］

Ай да денёк！［多好的天啊！］

要注意区分同形异义结构。例如同样的"что за ＋名¹"句式，可能表达不同的语义：

① Что за шум？［什么声响？］询问事物特征。

② Что за шум！［多讨厌的声响啊！］表达说话人的否定评价。

真正的"口语句式"往往带有明显的表情色彩。

真正的"口语句式"往往是熟语化（或成语化）的，在这些句式中词语形式间的联系是成语性的。这些句式往往由辅助词（语气词、连接词及关联词和感叹词等）做为架构要素构成，句子的建构一般不按通行的语法规则，因而让外国人感到难以理解，不会使用。

3. "句子模式"的研究历史不长，因此如何确定"句子模型"，尚无统一见解，而"口语句式"的确定和归纳，由于研究历史更短，存在的问题也更多。在俄罗斯学界存在"句式"定义宽和狭、"句式"数量多和少的不同主张。"句式"数目少,便于掌握,但却过于抽象,特征不够明确;"句式"数量过多,则往往过于繁琐、零乱,同样不利于掌握。

我们见过的一本研究俄语口语复合句的书,在"句式"("句型")的罗列上就犯了广而不切的毛病。该书把并非口语语体属性,即口头语言和书面语通用的属于中性的句子也列为口语句型,如:

кажется, что...
выходит, что...
бывает, что...
может быть, что...
надо, чтобы...
приятно, что...

这类句子模式本书不予收录。

反过来,一些语法书上没列入的口语句式,我们则收录了。例如我们把苏联科学院1980版《Русская грамматика》列入正规句子模式的 Цветов! Народу! Никого знакомых. Ни звука. 等列为口语句式。我们的理由是:第一,正如《Русская грамматика》所承认的,它们"有明显的口语和表情色彩",第二,这些句子的语法形式不好用现代书面语语法规则来说明。

必须指出,本书研究的是"标准"(日常)口语句式。但确定哪些口语语言现象是标准的、哪些是非标准的,是很难的事。有些口语句子是否属于标准,俄罗斯学者也有争论。如著名俄语口语句法研究者 О. Лаптева 认为 А чай у меня где пачка?〔我那包茶叶在哪里?〕Никто там не появлялся наши?〔谁也没去那里吗,我们的人?〕之类句子是符合标准口语规范的,而另一位同样知名的学者 О. Сиротинина 则持否定态度。本书不收录、不研究这类句子。本书收录研究的是具有口语语体色彩、在日常口语各个领域广泛使用、进而出现在书面文艺作品中的句子。不言而喻,本书所列口语句式只是"常见的"一部分,远不是全部。

二

表达褒贬评价的句式

下面各句式用来表达说话人对事物、特征、状况等的评价,包括褒贬、扬抑等等,多为感叹句。

① Ай да + 名词一格!

① *Ай да жена! Вот люблю!* (А. Островский)

　[妻子没说的(真好)! 我爱她!]

② *Ай да Михаил Андреевич, настоящий цыган!* (Л. Толстой)

　[这个米哈伊尔·安德烈耶维奇可真行,是个真正的茨冈人!]

③ *Ай да мёд!*

　[这蜜可真棒!]

④ *Ай да глазки!*

　[小眼睛多美呀!]

⑤ *Молодец! Ловко! Ай да питерский!* (Л. Пантелеев)

　[好样的! 干得利落! 不愧是彼得堡的工人!]

⑥ *Ай да косой!... Ловко ты напутал старого волка.* (Мамин-Сибиряк)

　[好样的兔子!……你都把老狼吓跑了。]

[解析]这个句式表示对事物的称赞,富有浓烈的表情色彩。Ай да 是个感叹词,只用在这种句式中,其后一般接具体名词或专有名词(如例2)。例6中 косой 是名词化了的形容词("兔子"的口语名称),例5中省略了名词 рабочий。

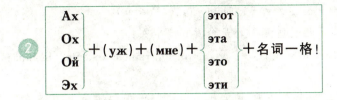

① *Ох уж эти пассажиры!*
　［这些乘客真够受！］

② *Уж мне эти поэты!*（Пушкин）
　［这些诗人真胡来！］

③ *Ох уж эта охота мне!* Устал, братец.（А. Островский）
　［这场猎打得真要命！我累坏了，老弟。］

④ Сейчас караул закричу. *Эх народ этот.*（Л. Толстой）
　［我马上就喊卫兵来。这些人真叫人讨厌。］

⑤ *Ох мне уж этот Родимов!*（Писарев）
　［这个罗吉莫夫真不是玩意儿！］

⑥ В книгах так наврано, а ты их начитался. *Ой мне эти писатели!*（Основьяненко）
　［书里尽是谎言，你却读了那么多。这些作家真能糊弄人！］

⑦ *Ах эта Белкина!* Пристаёт...（С.-Щедрин）
　［这个别尔金娜真够受！老是纠缠你……］

［解析］这个句式表达说话人对名词所指事物的否定评价：不赞，指责，不满。句子开头有感叹词 ах, ох, ой, эх 等，有时加上加强语气词 уж（如例①）。有的句子一开头没有感叹词，但有 уж（如例②）。мне 表明说话的角度，强调说话人的评价，可以省略（如例①，例④）。指示词 этот (эта, это, эти) 绝不可少。

③ (А) ещё(и)＋名词一格！

① Разве так можно обращаться с девушкой? *А ещё рабочий класс!* Просите прощения.
　（Макаренко）
　［难道可以这样对待女孩吗？还是工人阶级呢！向大家道歉吧！］

② *Ещё преподаватель!* На такой вопрос не смог ответить.

［还是教员哪！这样的问题都答不上来。］

③ Я мужичка, да не сделаю этого. *А ещё и дворянин*！（Гоголь）

［我是个粗鲁的女人，也做不出这种事。还是个贵族老爷咧！］

④ Который год служишь, а гардемарина от матроса отличить не сможешь? Шляпа! *А ещё боцман*！（Соболев）

［干了多少年啦，怎么连海军士官生和士兵都还分不清？真是草包！还是海军上士咧！］

⑤ Неужели вы ничего не знаете? *А ещё считаетесь образцовым чиновником*. (С.-Щедрин)

［难道您真的什么也不知道吗？还算是模范官员咧！］

［解析］这个句式表达否定评价：说话人认为某人、某物不够格，不合标准，相当于汉语"还是……咧！"ещё(不带重音)置于句首。如果评价是在说了一件事之后接着做出的，则通常用 А ещё... 形式(如例①，例③)，如果评价在先，表述在后，则不用 а，直接用 ещё 开头(如例②)。例⑤中，由于用了系词 считаться，故表语名词用五格。

4 **Вот так ＋ 名词一格！**

① Собака смеётся человеческим голосом. *Вот так собака*！（Макаренко）

［这狗能像人那样笑。真是条好狗！］

② Ребята, *вот так пушка*！（Горбунов）

［战友们，这才叫炮哪！］

③ *Вот так сахар*!

［这糖真甜！］

④ *Вот так зима*, даже снега не видно. (Рогожникова)

［这也叫冬天，连雪都看不见。］

⑤ *Вот так хватка*！Вот так умение браться за дело！（Девадовский）

［瞧这架式！真是善于办事！］

⑥ *Вот так денёк* выбрался！（С.-Щедрин）

［可真是个好天呀！］

［解析］这个句式表达说话人对某事物的评价，多为肯定评价，也可能表示否定(不好，不赞)评价，如例⑥。该句式富于表情色彩。вот так 是个复合语气词，位于句首，вот 带有副重

音，读得比 так 重些。

5 **Вот (это) ＋ 名词一格！**

① *Вот это человек！*（А. Прибыль）
[这可真是个好人！]

② *Вот это парень！* Куда нашим-то！（он же）
[这小伙子真叫棒！我们的差远啦！]

③ *Вот это бакещик* — восхищался капитан.（С. Пестунов）
["这浮标看守人可真好！"上尉称赞说。]

④ *Вот это идея！*
[这可真是个好主意！]

⑤ Ух ты... *Вот встреча！*（С. Есенин）
[原来是你……这可真是巧遇！]

⑥ *Вот это молодец！* Он без всяких усилий достиг сияющих вершин науки.
[真是好样的！他完全不费气力地达到了光辉的科学顶峰！]

⑦ — Жениться ведь вздумал？
— *Вот вздор；*совсем и не думал.（Гоголь）
"想结婚啦？"
"真胡扯！根本没想过。"

⑧ *Вот беда！* Я не выдержал экзамена.
[真糟糕！我考试未及格。]

[解析]这个句式表达对名词所表示的事物的评价，一般是感叹句。评价内涵往往随 вот 后名词而定。这种句子和 Вот мой дом.（这就是我的家。）Вот вокзал.（到车站了。）等句不同，后两个句子中的 вот 是指示语气词，并非表示评价。

这种句式往往表示正面评价（赞叹、惊讶），但也可能表示否定评价（惊讶、讥讽、嘲笑、愤懑等）。如例①也可用于贬意。

6 **Вот (это) ＋ 名词(А)一格，так ＋ 名词(А)一格！**

① *Вот молодец，так молодец.*

[真是好样儿的!]

② *Уж силач*, *так силач* был! Шестеро нас, парней, бывало, навалимся на него, всех до единого раскидает. (Марков)

[他可是位名符其实的大力士! 有时我们六个小伙子都对付不了他。]

③ *Вот был плотник*, *так плотник*... умер — царство ему небесное! (Гончаров)

[他可是位好木匠……死了, 愿他进天国!]

④ *Вот это плуты*, *так уж плуты*. (Лексов)

[太狡猾啦, 太狡猾啦!]

⑤ *Уж он урод*, *так урод*!

[他可真丑!]

⑥ *Вот шляпа*, *так шляпа*, не то что моя. (А. Островский)

[这帽子太好了, 可不同我那一顶。]

⑦ Он специально заезжает за мной. *Вот товарищ*, *так товарищ*! (А. Фадеев)

[他是特意来看我的。这才叫同志哪!]

⑧ *Вот* наш Ваня *мастер так мастер*!

[咱们的万尼亚可真是个能手!]

[解析]这个句式与"Вот(это)+名词一格"句式意思相同, 但语气更强烈。так 后面重复前面 вот 后所用的那个名词。так 后, 名词前可加语气词 уж(如例④)。вот..., так... 也可变为 уж..., так...(如例②, 例⑤)。句中可出现名词或代词表示的主语, 如例⑧。

7 Вот тебе(те, вам) и + 名词一格!

① Вот тебе и праздник!

[这就是所谓的节日!]

② Вот вам и правый суд!

[这就是所谓的公正审判!]

③ Вот те и зять!

[女婿就这个样子!]

④ Скоро, пожалуй, встретит и не узнает. *Вот те и дружба*! (Тургенев)

[很快再见面时就不认得你了, 这就是他跟你的友谊!]

⑤ Он любит только играть в чувства. *Вот те и гуманность вся его*! (Шведова)

［他只不过是喜欢卖弄感情罢了。他的全部人道主义精神无非如此而已。］

[解析]这个句式表示否定评价。说话人用这个句式表示事物徒有虚名，没有显现出应有的或原先期待的特征。如例②是说这个所谓的 правый суд 审判得很不公正。

Вам，тебе（те 是 тебе 的变体，多用于俗语中）的本来意义减弱不译出。对谈话对方表示尊敬（或对方为一些人）时用 вам，一般用 тебе。

① А если песенку споют, ну просто знаменитости, *куда там Мэй Ланьфану*！
［他们若是唱起戏来，那简直跟名角一样，梅兰芳往哪比！］

② — У англичан не вышло... И нам нечего пробовать — так！*Где уж нам*, коли у самих иностранцев！（Е. Тимошенко）
［"英国人也没搞成功……我们就用不着试了，就是这样！外国人都不行，我们更不行啦！"］

③ — Воры могли бы украсть у вас деньги...
— *Куда ворам*！Я бы изловил их.（Успенский）
［"小偷会把您的钱偷走的……"
"小偷算个啥！我都能把他们捉住！"］

④ Если каждый из нас будет говорить：«Да моё ли это дело, *да где мне, да куда мне*, да что я за выскочка！» то никто не будет делать ничего.（Белецкий）
［如果我们每个人都说："这不是我的事，我算个啥，我出那个风头干啥！"那么谁也不会做什么工作了。］

[解析]这个句式用于评价某人、某物，认为某人某物大为逊色，不值一提："往哪比"、"算个啥"、"不行"。где 与 куда 已语气词化，失去方向处所的意义，二者可以互换。如 куда ворам（例③）也可以说成 где ворам.

"Куда（где）+名、代三格"后可能接有动词不定式及其说明语，如：Где ему запомнить такой текст！［他哪能记住这么长的课文呀！］不过句子意思已变为"不可能干什么"了。

9 Ну и ＋ 名词一格！

① *Ну и денёк!*
   [真是个好天！]

② *Ну и морозец!*
   [真冷啊！]

③ *Ну и Евсеич!* Уморил, ей-богу, уморил!（Троепольский）
   [这个叶甫谢依奇！真的，逗死啦！]

④ *Ну и память же у тебя!*（Пантелеев）
   [你这个记性真够呛！]

⑤ *Ну уж и стужа же на дворе!*
   [外面可真冷呀！]

⑥ *Ну уж и мошенник!*
   [真是个骗子！]

[解析] 这个句式往往表示好的评价，但也可表示否定评价，这和名词的词汇意义有关（如例⑥），也和具体情节有关（如例④也可能是"你的记性真好！"）。复合语气词 ну и 之间可出现加强语气词 уж。这个句式表示评价的同时往往带有惊异意味。

10 Что за ＋ 名词一格！

① Ах, какое здесь пиво! Я выпиваю по бутылке в день. *Что за пиво!*（Чехов）
   [呵，这里的啤酒可好着呢！我每天都喝一瓶。多好的啤酒呀！]

② *Что за скука!*（Пушкин）
   [多无聊！]

③ — У меня заболела голова.
   — *Что за важность?* Это не сердце.（Лермонтов）
   "我头痛起来了。"
   "那有什么了不起？又不是心脏出毛病。"

④ *Что за книга!* Совсем не интересна!
   [这是什么书呀！一点儿也没意思。]

⑤ Вчера — ненастье, а сегодня — *что за день*！（А. Майков）

　　[昨天阴雨连绵，可是今天多么好的天呀！]

[解析]这个句式带有强烈的表情色彩，可表达好的评价，如赞美、欣喜（如例①，例⑤），也可表达贬抑、厌恶的感情（如例②，例④）。这跟与 что за 连用的名词的性质有关（如"Что за скука！"只能是贬意），也跟具体的言语情景有关（如"Что за книга！"也可能是表示对一本书的赞赏）。自然，褒贬感情是通过不同的语调表达出来的。

⑪ Вот ＋ он（она, оно, они）＋ 名词一格！

① Сергей вздыхает:《*Вот она, семейная жизнь*！...》（Некрасов）

　　[谢尔盖叹息说："这就是家庭生活呀！……"]

② *Вот они, работнички*！ Видал? С первых шагов на подрыв пошли.（Троепольский）

　　[瞧这号工作人员！看见了吧？一开始就搞破坏。]

③ Я же, по милости сынов моих, горбом пропитание добываю. *Вот оно, потомство*！ Да и пропади оно пропадом！（И. Арамилев）

　　[多亏了我的儿子们的孝心，我不得不靠自己的劳动谋生。这就是我的后代！叫这样的后代见鬼去吧！]

④ *Вот она, действительность-то*！（Сух.-Кобылин）

　　[这就是现实咧！]

[解析]这个句式表示否定评价，带有嘲讽、不满的意味。说话人认为名词所表示的事物不好、不能令人满意。вот 在句首，其后紧接第三人称代词，代词的性、数与后面的名词一致。名词后可加语气词 -то（如例 4）

⑫ Ну и（уж и）＋ 名词一格

① *Ну, сено*！Чай настоящий！（А. Толстой）

　　[多香的草！跟茶叶一样！]

② *Ну и сложение у тебя, брат*！（А. Рыбаков）

　　[老弟，瞧你这体格多好呵！]

③ *Ну и память же у тебя*！（А. Пантелеев）

　　[瞧你这记性！]

④ *Ну уж и лентяй!*

　　[真是个懒汉！]

⑤ *Ну уж и стужа* на дворе！（Ю. Шведова）

　　[外面可真冷！]

⑥ *Ну и баба！* — продолжал он， — Это чёрт в юбке（А. Чехов）

　　["你这个娘们可真凶！"他接着说，"这是个穿裙子的鬼！"]

[解析]这个句式往往带有惊奇、赞叹的色彩。可以表示正面的、肯定的评价（如例①），也可表示愤懑、讥讽等反面的、否定的评价（如例④）。评价的性质通常要取决于上下文或具体情景，如例③，孤立地看，可作正面理解（你的记性真好！），也可作反面理解（你的记性真糟！）。当然，有时名词的词汇意义本身就表明了评价的性质，如例④的 лентяй 只能表示否定的评价。

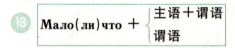

① — Ведь я тебе велел...

　　— *Мало что велели！*（А. Островский）

"我吩咐过你呀……"

"吩咐了又怎的！"

② *Мало что бабы болтают！*（Горбунов）

　　[老娘们说的话还有准！]

③ — Я уже принял дела.

　　— *Мало ли что принял*. Сегодня принял，а завтра откажись.（Филев）

"我已把工作接下来了。"

"接下来了又怕啥，今天接下来，明天你再拒绝嘛。"

④ — Он болен.

　　— *Мало ли что он болен！*（В. Шведова）

"他病了。"

"病了又怎的！"

⑤ — Да и народ говорит，что лучше с очками-то...

　　— *Мало ли чего народ говорит*，ты других меньше слушай！（В. Белов）

"别人说戴上眼镜好……"

"别人说又怎么的！你少听别人的！"

[解析]мало что 或 мало ли что(有时也用 мало ли чего)要放在句子开头,后面接"主＋谓"句式(如例②,④,⑤)或接谓语(如例①,③)。这种句式一般用在对话中,说话人对谈话对方所提及的事情表示蔑视,认为不重要,无足轻重,不足挂齿。

⑭ Тоже(мне)＋名词一格！

① Побирается за счёт музыки. *Тоже служитель искусства!* (Паустовский)

   [靠演奏音乐求施舍过活,也算是艺术家!]

② Тоже мне помощник!

   [也算是个助手!]

③ Его вся деревня осмеёт, если увидят, что он несёт кровать вместе с Марийкой: *тоже мужчина* — не может сам перенести такую пустяковину... (Панова)

   [如果人们看到他跟玛丽卡一起搬床,那全村人都会嘲笑他的:也叫个男子汉——连这么个小玩意儿都搬不动……]

④ Какая вы милиция! Только звание на себе носите: *милиция тоже!*

   [你们算什么民警！不过徒有其名,也叫什么民警!]

⑤ Она покраснела и сказала моей маме:

   — Папа вас просит разжечь нам примус.

   Я крикнул:

   — *Тоже люди!* Сами не умеют... (Э. Аленик)

   [她红着脸对妈妈说:"爸爸要您给我们点着煤油炉。"

   我喊道:"也算是人！他们自己不会……"]

[解析]这是一种表达否定评价的句式,表示说话人认为某事物不够格,不够标准,徒有其名。тоже 一般在句首,置于名词后的少见(如例④)。句中可有 мне,起加强语气作用,其原来的词汇意义减弱。

⑮

① Кого тебе ещё нужно? *Чем он тебе не муж?* (Тургенев)

[你还要找什么样的人？他哪点不配当你的丈夫呀？]

② — А где нам сегодня ночевать?

— Да здесь в лесу. *Чем это не ночлег?* (Пушкин)

"我们今天在哪里过夜呀？"

"就在这里，在林子里。不是满好的住宿地么？"

③ Бесприданница твоя Аграфена, а то *чем не невеста?* (Станюкович)

[你家的阿格拉芬娜是个没有嫁妆的姑娘，不然不是个很好的未婚妻么？]

[解析]чем 永远位于句子开头，句里可出现 он(она, оно, они), это 等表示的主语(如例①,②)，也可不出现，直接接名词一格(如例③)。句子形式上是问句，但实际上是肯定句，说话人认为所指事物完全符合名词一格所表示的概念的要求，有条件充当名词一格所指的用场。如"Чем это не ночлег?"意思等于：Это вполне подходящий ночлег.[这是个完全适合的住宿场所。]

⑯ Что(Да что) + A！

① Да что твоя обида! Моя больше. Мне больней.（В. Смирнов）

[你的委屈算啥！我的委屈更大，我更难受。]

② Тебе надо учиться. *Что твои три класса?* Ерунда!（Пришвин）

[你须要学习。你那三年文化有啥用？啥也不是！]

③ — Я человек бедный: мне не на что покупать...

— *Что ж бедный!* Честь для человека важнее всего.

"我穷，我没有钱买……"

"穷怕啥！名誉对人来说最重要。"

④ — Алёша, тогда и с ветром можно справиться?

— *Что с ветром!* Любую звезду с неба рукой достанешь.

"阿廖沙，那么大的风也能制服吗？"

"风算个啥！任何星星都可以从天上摘下来呢！"

⑤ — Да ведь холода стоят...

— Да холода что! Холода ничего...（Горбунов）

"外面冷啊……"

"冷怕啥！冷没关系……"

[解析]这是一个否定评价句式,说话人认为某一事物、某一情况不足挂齿,无关紧要,没什么了不起。一般都是感叹句,例②虽为疑问句形式,实际上并非提问。A 位通常是名词一格,但也可以是数名词组（如例②）、带前置词的间接格（如例④）或形容词（如例③）,等等。处于 A 位的正是要评价的东西。

что 通常位于句首,个别情况也可位于名词后,如例⑤。

⑰ Всем ＋ 名词 A 复三格 ＋ 名词 A 单一格！

① *Всем молодцам молодец!*

[最棒不过的小伙子！]

② Вот новость так новость. *Всем новостям новость!*

[这才叫新闻哪！最好的新闻！]

③ Но что там хорошо, так это купец! *Всем купцам купец!*（Чехов）

[要说那里什么好,就得说是商人了！那里的商人比哪儿的都好！]

④ *Селёдка*, матушка, *всем закускам закуска.*（Чехов）

[青鱼呀,大妈,是最好的下酒菜啦。]

⑤ Повесть А. Гайдара — очень интересная. *Она, без сомнения, всем книгам книга.*（Ю. Манн）

[盖达尔的这部中篇小说挺有意思,毫无疑问,可以说是最好的一本书。]

[解析]这个句式词序固定、组成固定, всем 一定要有。A、A 指同一名词复用,第一格名词要用单数。该句式表示对事物的最好评价。可以单独使用,也可以作谓语（如例④,⑤）。

⑱ 名词一格 ＋ 代词、名词三格 ＋ не к лицу

① *Эта причёска ей не к лицу.*

[这种发型对她不相称。]

② *Шляпа ему не к лицу*, ему больше идёт кепка. （Рогожникова）
 ［他戴礼帽不好看，戴便帽更合适。］

③ *Тебе не к лицу сидеть без дела.*
 ［你闲呆着不做事可不体面哪。］

④ Мы с Вами люди взрослые, и *сказочки нам не к лицу*. （Беляев）
 ［我们都是成年人了，编瞎话对咱们可不是体面事。］

［解析］не к лицу（反义为 к лицу）用做谓语。当主语为发型、服饰名称时表示"不相称、不得体、不好看"。主语位是动词不定式时（也可能是名词一格），则表"不体面，不合身份"，"不合适"（如例③，④）。"对谁"而言，用第三格表示。

19 名词A一格 ＋ как ＋ 名词A一格

① —— Посмотри на ноги!
 —— Ну тчо? *Ноги как ноги.*（Е. К. Габрилович）
 "你看看那条腿！"
 "腿又怎的？腿不过是腿呗。"

② —— А вообще? Как дела?
 —— *Дела как дела*！Работаем.（Е. Кутузов）
 "总的说来情况怎样？"
 "一般，没什么特殊的，我们还在工作就是了。"

③ —— *Люди как люди*…
 —— Нет, это люди особые.（А. Чаковский）
 "不过是些普普通通的人……"
 "不，这是些特殊的人。"

④ —— Мы побродили по городу, который не произвёл на нас особого впечатления. *Город как город.*（Г. Брянцев）
 我们在城里逛了一会儿，没有留下特殊印象，这是个一般的城市。

⑤ —— *Обед был как обед*, скучный…（Л. Толстой）
 ［宴会平平常常，很乏味……］

［解析］这个句式是同一名词重复并借助 как 构成的评价句式。其概括意义在于表示事物A具有事物A的一般特征，平平常常，没有什么特殊之处。город как город（例④），люди как люди(如例③)等,不能理解为:"城市像城市","人像是人"……就是说,句子的意思不等于三个词词义之和。一般用于现在时,过去时(如例⑤)用系词 был(была…)表示。这是成语化的句式,主语和谓语总是连在一起,读时要一气读完,不停顿。

⑳ 名词 A 一格 ＋ не в ＋ 名词 A 四格

① Без него и *праздник не в праздник*.(Островский)

[若是没有他,那节日可就没有意思(不像节日)了。]

② Сам знаешь: без труда нам *жизнь не в жизнь*.(Г. Марков)

[你自己知道:离开劳动,生活对我们来说就没意思了。]

③ Если не выступишь, то *вечер будет не в вечер*.(А. Масс)

[你若是不演出,那晚会可就没意思了。]

④ От тягостного молчания *чай делается не в чай*.(Б. Ротько)

[由于令人难堪的沉默,连茶都没有味道了。]

[解析]这个句式表示否定评价:由于某种原因,在某种条件下某一事物丧失该事物的特征,如 праздник не в праздник——节日不像个节日,失去节日的乐趣、气氛等等。应该指出的是:1) 这个句式只能用非动物名词,也是同一名词重复;2) 这个句式一般要同条件状语(如例①,例②)、原因状语(如例④)或条件(如例③)、原因副句一起使用;3) 句式中第一个名词后可根据需要使用过去、现在、将来时的系词,所用系词除 быть 外,尚可用 делаться(如例④),становиться 等。

㉑ То ли не ＋ 名词一格!

① То ли не жизнь!

[这才叫生活哪!]

② А он за эти два года в докторском отделении учился... *То ли не дошлый парень!*(Мамин-Сибиряк)

[他这两年在医生训练班学习……真是一个聪明伶俐的小伙子!]

③ А уж то ли не общественник был Иван Данилович! На всех собраниях выступал пространно и, надо сказать, довольно дельно.(Лаптева)

[伊万·丹尼洛维奇可真是位社会活动家!每次开会都讲话,讲得挺多,应该说,还

挺在理。]

[解析] 这个句式表示加强语气的肯定,肯定某事物是货真价实的,是真正的,地地道道的。

то ли не 是一个整体,не 没有否定意义。то ли не 后接名词一格,多用现在时,过去时句子中可出现 был,была...(视名词的性而定)。

㉒ Хорош(-а,-о,-и) ＋ 名词一格!

① Пугачёв посмотрел на Швабрина и сказал с горькой усмешкой: "*Хорош у тебя лазарет*!"(Пушкин)

[普加乔夫看了看施瓦布林,苦笑着说:"你的军医院可真好!"]

② — *Хороши же там у вас девушки*, до свадьбы любят!(Гончаров)

[你们那儿的姑娘够难的,等着吧,也许有人爱!]

③ — Ну и ладно! *Хороши у нас нравы*, из-за какой-то чепухи...

— *Хороша чепуха*!

"好啦!"我们的性情真够呛,为点鸡毛蒜皮的事就吵架……"

"怎么是鸡毛蒜皮的事儿!"

④ — Что, уж нельзя поскрёбышков вымести?

— *Хороши поскрёбыши*! Второй день стряпаете...(Николаева)

"怎么,难道不能做出些小面包么?"

"好个小面包!你们都忙了两天啦……"

⑤ — Он ведь у меня одна опора в жизни.

— *Хороша опора*!

"他是我生活中的唯一支柱。"

"好一个支柱!"

⑥ — Один в горячке, другой спит, а третий странников провожает — бормочет прохожий.

— *Хороши сторожа*, можно жалование платить.(Чехов)

"一个发烧,一个睡大觉,第三个去送朝圣者,"行人嘟囔道。

"这号守护人可真够呛,还拿什么工钱呀。"

⑦ — Это ты на родную мать-то... глупая? *Хорош гусь*! Пошёл с моих глаз долой.

(Гайдар)

［你这是冲你亲妈大喊大叫呀,混丫头? 真行! 给我滚出去!］

[解析]这种句式用来讽刺地表示否定的评价。词序固定,хорош(-а,-о,-и)在句首,一般为感叹句。一般用短尾形式,有时也可见到长尾的用例(如例⑥)。有时使用固定成语 хорош гусь!(见例⑦)。在对话中,"Хорош(-а,-о,-и)＋名词一格"句式常用来表示对名词所指性质、事物的否定(见例③、④、⑤)。

23 Найти 过去时形式＋疑问代(副)词＋不定式!

① — Галка, хочешь мебель?

— *Нашёл кого спрашивать про мебель.* (О. Лаптева)

"伽尔卡,想买家具吗?"

"竟然问我买不买家具。"

② — *Нашла кому жаловаться!* (О. Лаптева)

［怎么跟他(他们)诉起怨来!］

③ Эх, Валька, дураком же ты был. *Нашёл кому открыть душу!* (Л. Розанова)

［唉呀,华尔卡,你真傻,怎么能跟这号人说心里话!］

④ *Нашли за что хвалить!* (Тургенев)

［有什么可夸奖的!］

⑤ *Нашли чему обрадоваться!* (А. Толстой)

［有什么可高兴的!］

⑥ *Нашли где(когда)спать!*

［竟然在这里(这个时候)睡觉!］

[解析]这个句式表示对于某种行为的否定评价:认为是不恰当的,不适宜的(因为对象、时间、地点不对头)。通常为感叹句,往往带有讽刺意味。最常用的疑问代词为 кто, что, 也用疑问副词 где, когда 等。疑问代(副)词受动词不定式支配,如例①: кого 为第四格,受 спрашивать 支配。найти 为不及物动词,意为 решить, вздумать что-нибудь делать, 口语词。найти 要用过去时,位于句首,句中不能出现主语, найти 的性、数由动作实际主体而定。因为是对行为的否定评价,表示"不应,不该",所以动词不定式要用未完成体。

24 Очень нужен(-но,-на,-ны)＋名词一格
Очень нужно＋不定式！

① Лиза засмеялась — Вот, может быть, возьму и брошу Кирилла. *Очень он мне нужен*！（Б. Чирков）

［丽扎笑起来：说不定我心血来潮把基里尔踹了。我才不需要他呢！］

② *Очень мне нужен ребёнок*！

［我才不要孩子呢！］

③ *Очень нужны нам ваши деньги*！（Тургенев）

［我们才不需要你的钱呢！］

④ — Вы войдите в моё положение.

 — *Очень мне нужно*！（А. Островский）

"您要设身处地替我想想。"

"我干嘛要这样！"

⑤ Вздор всё. *Очень нужно слушать*, что она говорит.（А. Островский）

［全是胡说八道。我才不愿意听她的话呢！］

⑥ — О чём ты хочешь меня попросить?

 — *Очень мне надо просить*！Это твоя обязанность.

"你想求我干什么？"

"我才不求你呢！这是你的责任。"

⑦ ... даёт рубль и месяц попрекает: я тебя кормлю！Я тебя содержу！*Очень мне нужно*！Да плевать я хотела на твои деньги.（Чехов）

［……给了一块钱就整日地唠叨：我养活你！我才不用你养活呢！我看不起你那几个臭钱。］

［解析］这种句式形正意反：очень нужен（或 нужно）表示"根本不需要"的意思。常带有讽刺、不满意味，感情强烈。句式词序固定：очень 在句首。与 очень нужно（надо）连用的动词不定式要用未完成体，因为表示否定（例⑥）。

三 表达疑问、疑虑的句式

25 Что(一格) ＋ 形容词二格？

① *Что нового* после шести утра（Симонов）

　[早晨六点钟之后有什么新情况？]

② *Что* в этом *дурного*?

　[这有什么不好的？]

③ *Что* же тут *обидного*?

　[这有什么不痛快的？]

④ *Что* у вас *реального*?（Погодин）

　[这里有什么实际的东西？]

⑤ Да *что* же *хорошего* было?（Л. Толстой）

　[这里有什么好的东西？]

⑥ Ну *что* было в этом вертопрахе *похожего* на ревизора?（Гоголь）

　[这个轻浮汉身上有哪些地方像巡按使呢？]

[解析]若问"有什么新的(好的)东西(内容)？"时，俄语要用"что＋形容词二格"结构。что нового(хорошего...)这种结构属成语性的，无法用现代语法解释。注意："Что в этом дурного?"这类句子现在时不用есть，过去时用было(见例⑤)，将来时用будет 如：Что же будет хорошего?（会有什么好事吗？）что 永远位于句首，它和形容词之间常被 же，тут，у вас，в этом 等词语隔开。

26 Что(это) за ＋ 名词一格？（或＋А？）

① *Что(это) за люди*?（Короленко）

[这是(些)什么人?]

② Что это была за женщина? (Пермитин)
[这是个什么样的女人?]

③ — Кто идёт? *Что за люди*?
[那是谁在走?是些什么人?]

④ *Это что за огни*? Павлово, что ли?
[这是哪儿的灯火?是巴甫洛沃镇么?]

⑤ *Что за странная фантазия* пить чай в это время? Удивляюсь. (А. Островский)
[奇怪,这个时候怎么想要喝茶呀?我真不明白。]

[解析] что(это) за 相当于"这是什么……",后面接第一格名词,构成问句。это 常放在熟语性语气词 что за 之中,有时也放在前面(如例④)。句中 это 可以省略(如例③,⑤)。一般情况下句子都是现在时,如果用于过去时,则系词跟做表语的名词一致,如例② — Что была за женщина.

что за 为固定组合。这里讲的"Что за+名词一格"与本书评价句式 Что за пиво! [多好的啤酒呵!]类不同,这里的"Что за + 名词一格"是用来对事物特征提问的,如 *Что за шум*! [是什么声响?] *Что за люди*? [这是(一群)什么人?]

что за 后面可加任何词或词形(А)。此句式通常在对话中用,用来对前面说的话中某一部分提出询问,往往表示不赞。如:

① — Позже сделаю.
— *Что за позже*? Сейчас нужно сделать. (из "Русской грамматики-80")
"我晚些时候做。"
"'晚些时候'干啥?现在就做。"

② — Не хочу.
— *Что за не хочу*?
"我不愿意。"
"什么叫'不愿意'?"

27 Что ＋ 人称代词 ＋ 谓词，＋ что ли?

① Что я, алкоголик, что ли?
[难道我是个酒癖怎的?]

② Что вы, в баню пришли, что ли? (Горбунов)

［你们是来到了澡堂怎的？］

③ Ты что, болен, что ли?

［你怎么，是病了怎的？］

④ Что мы — не поймём, что ли?

［难道我们会不懂怎的？］

⑤ Да что ты, шутишь, что ли? (С.-Щедрин)

［你这是开玩笑还是怎的？］

⑥ Да что ты же, немая, что ли? (Станкович)

［难道你是个哑巴不成？］

⑦ Да что же я, дурак, что ли? (Гоголь)

［难道我是个傻瓜怎的？］

[解析]这种句子格式用语气词 что 开头，用 что ли 结尾。что 后面跟人称代词，人称代词与后面的谓语成分在语调上分隔开（书写时常用逗号）。这种句式相当于汉语的"难道……怎的？"通过疑问往往表达出说话人的不满、指责、否定，有时与其说是疑问，不如说是带有某种情绪的陈述，如例④、⑦，实际意思是："我们能理解！""我不是傻瓜！"

что 前可加语气词 да（如例⑤），其后可加语气词 же（如例⑦），用来加强语气。что 也可放在人称代词之后（如例③），但以 что 开头为常见。

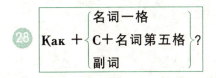

① — Ну, *как география?*

— География? География на «отлично». (Макаренко)

"喂，地理怎么样？"

"地理么？地理得了五分。"

② — *Как ваше здоровье?*

— Здоровье моё неважно.

"您身体怎么样？"

"我身体不太好。"

③ *Как план?*
   [计划怎么样?]
④ *Как с уроками?*
   [课程怎么样?]
⑤ *Как дома? 或 Как на заводе?*
   [家里情况怎么样?]或[工厂情况如何?]

[解析]提问"X(情况)怎么样?"时,使用这种句式。与 как 连用的通常是第一格名词,也可是带 с 的名词第五格形式,如 Как география? 或 Как с географией?

这种句式是问某事物情况怎样,而不是问某事物性质如何,由于是针对情况而问,所以 как 后可以是表示处所、时间的副词或词组,如 Как дома?(家里怎么样?)Как в школе?(学校里怎么样?)

㉙ И что ＋ 代(名)词三格 ＋ в ＋ 名词第六格?

① *И что ему в этом цветке?*（Лобанова）
   [他为什么如此珍爱这朵花呢?]
② *И что вам в этой старой машине?*
   [这辆老车对你有啥用呀?]
③ *Почему он плачет? И что ему в этом дереве?*
   [他干嘛哭?这棵小树对他有什么意义?]
④ *Посудите сами, Иван Петрович, ни в театр, ни танцевать, никуда не пускает, только платья дарит, а что мне в платье-то?*（Достоевский）
   [您自己想想看,伊万·彼得罗维奇,他不让我去看戏,不让我去跳舞,哪儿也不让去,只是一味地赠衣服,可是我要衣服有什么用?]

[解析]"Что кому в чём?"这个句式的意思是"某物对于某人有什么意义、价值、用处?"и 起加强语气的作用,也起承上启下的连接语气的作用。и 也可不用,或代之以其他连接词(如例④的 а)。

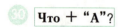 Что ＋ "А"?

① — *Ну как, ничего?*

— Что «ничего»? (В. Шукшин)

"哎,怎么样,没什么吧?"

"什么'没什么'?"

② — Ну и я тоже не могу.

— Что «не могу»?

— Давать деньги доктору. (Л. Толстой)

"我也不能。"

"不能什么?"

"不能给医生钱。"

③ — Нет, я только случая не помню. Но Астахов...

— Что Астахов? (Л. Сапожников)

"不,我可不记得有这种事。但是阿斯塔霍夫……"

"阿斯塔霍夫怎的?"

④ — Она, конечно, опечалилась, но...

— Что «но»? Договаривай... (А. Островский)

"她当然很伤心,但是……"

"'但是'什么? 说下去……"

⑤ — Лариса, так вы?..

— Что «я»? Ну, что вы хотели сказать? (А. Островский)

"拉丽莎,那么您……?"

"我什么? 说吧,您想说什么来着?"

⑥ — Я должна его видеть, потому что...

— Что потому что? Ну, говори же, что потому что? (К. Симонов)

"我应该见到他,因为……"

"因为什么? 你说呀,因为什么?"

[解析] 这种句式用于对话中,当对于谈话对方话语中的某个词语(A)感到不解、不明了时使用,要求对方做出解释或说明,也可在对方言谈吞吞吐吐,听者要求他讲下去时使用(如例④、⑤、⑥)。处于 A 位的可以是任何词类,任何词形,往往是保留原话中的形式。但涉及到人称时,常常发生变化,如例⑤中 вы 变成 я,因为指的是说话人本身。

31 Что значит ＋ А?

① — В городе опять листовки.

— *Что значит опять?* Они уже два года как появляются. (С. Абрамов)

"城里又出现了传单。"

"什么叫'又'？城里有传单已经两年了。"

② — Вот потому ты не стал писателем!

— *Что значит — потому*（Л. Зорин）

"正是因为这样你没当成作家！"

"'因为这样'是什么意思？"

③ — А я не собираюсь тебя арестовывать — говорю я. — Пока!

— *Что значит «пока»?*（А. Абрамов）

"我不打算逮捕你，"我说，"再说吧！"

"'再说吧'是什么意思？"

④ — Мне нужно закончить то, что мы делали с Синцовым.

— *Что такое — нужно?*（М. Ромм）

"我需要把我跟辛佐夫做的事搞完。"

"'需要'这话怎么讲？"

⑤ — Не пойду.

— *Что за «не пойду»?*

"不去。"

"怎么'不去'？"

[解析] "Что значит ＋ А"这个句式的涵义是"А 是什么意思？"、"什么叫 А？"、"А 这话怎么讲？"。А 可以是任何词类。

这个句式与"Что ＋ А?"有所不同。"Что ＋ А?"只在未听清或不理解对方话中某个意思，或对方吞吞吐吐，听说方要求他讲下去，或给予解释时使用；而"Что значит ＋ А?"则可以用来一般提问，不一定针对对方的话语。例如：Вы не скажете, что значит «капут»?（请问，капут 是什么意思？）其次，在针对对方的话语提问时，也是表示不解其意，要求解释，而没有要求接着讲下去的涵义。

32 Не... ли...?

① Не брат ли приехал?
　[是哥哥来了吧？]

② Не встретил ли ты Ваню?
　[你遇见万尼亚了吧？]

③ Не посылку ли получил?
　[你接到个邮包吧？]

④ Не больны ли вы?
　[您病了吧？]

⑤ Не начинать ли?
　[该开始了吧？]

[解析] 由 Не... ли 构成的句子表示带有推测意味的疑问。试比较：Брат приехал?（哥哥来了?）— Не брат ли приехал?（是哥哥来了吧?）在 Не... ли 句子中，не 并没有否定意思：Не брат ли приехал? 并不是"不是哥哥来了吧?"的意思。

在造句时要注意：не 总是位于句首，не 与 ли 要分隔开，ли 前的词是推测性提问的中心所在，如例①、②、③，疑问所在分别是 брат，встретил 和 посылку。"Не... ли..."格式中的实体部分可以是单部不定式句（如例⑤）。

33 Зачем ＋ 代(名)词第三格＋名词第一格?

① — Я хочу купить этот альбом.
　— Зачем тебе этот альбом?
　"我想买这个纪念册。"
　"你买这个纪念册干啥？"

② — Дайте мне, пожалуйста, коньки.
　— Зачем тебе коньки?
　"请把冰鞋给我。"
　"你要冰鞋干什么呀？"

③ Зачем тебе эта книга?

［你要这本书干什么呀？］

［解析］这个句式用来询问用途、目的。在某些情况下还可用来表示否定对某事物的需要，实际上是表示"谁不需要什么"的意思，如例③：Зачем тебе эта книга？ ＝ Я думаю，эта книга тебе не нужна.（我认为你不需要这本书。）

"Зачем ＋ 第三格 ＋ 名词第一格"这个结构是完整的，并不需要加 нужен（нужна，нужно，нужны）一词。句子用于现在时。

句中的第一格名词可代之以相应性、数的第三人称代词，如例②— Зачем тебе коньки？可说成 — Зачем тебе они？

34 Зачем ＋ 未完成体动词不定式？

① Зачем так спешить?
　［干嘛这么急呀？］
② Зачем тебе читать эту книгу?
　［你干嘛要读这本书呀？］
③ Зачем его приглашать?
　［干嘛要请他呀？］
④ Зачем сердиться?
　［为什么要生气呀？］
⑤ Зачем включать свет?
　［干嘛开灯啊？］

［解析］这种句式以疑问句的形式表达不必进行某种行为的意思。"Зачем ＋ 不定式"等于"не надо ＋ 不定式"。例如 Зачем так спешить? 可换为 Не надо так спешить.

在"Зачем ＋不定式"这种表达"不要（不应）……"的情态意义的句式中动词不定式要用未完成体。行为主体用第三格。

35 Не ＋完成体动词将来时形式＋ли ＋ вы(ты),...?

① *Не скажете ли вы，как попасть в универмаг?*（М. Ляшенко）
　［您能告诉我去百货大楼怎么走吗？］
② *Не дашь ли мне свою тетрадь с лекциями? У меня не всё записано.*（А. Акишина

［你能把你的听课笔记本给我看看么？我没有记全。］

③ *Не согласитесь ли вы* поехать с нами?

［您同意跟我们一起去吗？］

④ Тимофей Иванович, *не можете ли вы* мне помочь решить одну задачу? (Формановская)

［季莫非·伊万诺维奇，您能帮我解一道题么？］

⑤ *Не хотите ли* котлеты по-киевски? (Она же)

［您想吃基辅式肉排么？］

［解析］这个句式用来表示委婉、客气的请求。在这个句式中 не 没有否定的意思；не скажете ли вы… 并不是"您不告诉我……"，не скажете ли вы ＝ скажите, пожалуйста, ……但语气更委婉，更有礼貌。用在这个句式中的动词陈述式一般为完成体将来时，但可用 мочь, хотеть 的现在时：не можете ли вы, не хотите ли(见例⑥，例⑦)。

㊱ **Как, разве ＋ 句子形式(S)?**

① — Юра учится в университете.
— *Как, разве* он студент?

"尤拉在读大学。"

"怎么，他是大学生啦？"

② — Вот мой словарь.
— *Как, разве* это твой словарь?

"这是我的辞典。"

"什么？难道这是你的辞典？"

③ — Лекции не будет.
— *Как, разве* лекцию отменили?

"讲演不进行了。"

"什么？难道讲演取消了？"

④ — Вот идёт Саша.
— *Как, разве* это Саша?

"瞧，萨莎来了。"

"怎么，难道那是萨莎？"

[解析]"Как,разве...?"这种句式用于对话中,当说话人对于别人的某一说法表示惊奇和怀疑时使用。相当于汉语的"什么(怎么)？难道……"как 与 разве 之间应有停顿。как 应用调型 2 读出。

37 **Ну,что ты(вы)! Разве ＋ 句子形式(S)?**

① — Интересный спектакль, правда?

— *Ну, что ты! Разве это интересный?*

"这戏很有意思,是吧?"

"哪里的话,有什么意思呀?"

② — Я хочу, чтобы к нам пришла Зина.

— *Ну, что вы! Разве она придёт?*

"我希望季娜能来。"

"瞧您说的,她怎么会来呢?"

③ — Какие вкусные яблоки!

— *Ну, что ты! Разве это яблоки?*

"多好吃的苹果呀!"

"哪里的话! 这算啥苹果呀!"

[解析]这个句式用于对话中,当对谈话对方的某种说法表示怀疑、否定时使用,带有鲜明的表情色彩。Ну что вы(ты)! 表示惊讶,разве...后引起的部分虽是问句,实际上是表达了否定意义。如例②：Ну, что вы! Разве она придёт? 相当于 Что вы! Она не придёт.(她不会来的。)又如：Разве это яблоки? 相当于 Это плохие, невкусные яблоки! (这些苹果根本不好吃!)

38 **S, ＋ что ли?**

① — *Пожар, что ли?*

— Да нет, не видать дыму. (Л. Толстой)

"失火了么?"

"不是,没看到有烟。"

② *Этот, что ли?* (Федин)

[是这个么?]

③ *Любите, что ли*, вы её очень?

[您很喜欢她么?]

④ *Есть хочешь, что ли?*（Л. Толстой）

[你想吃,是么?]

[解析]"S,＋ что ли?"— S 代表一个句子形式,或单部句(如例①、④)或双部句(如例③),也可能是不完全句(如例②)。что ли 这个语气词使全句产生一种出于不太肯定的推测的疑问意义。

что ли 一般是在 S(句子形式)之后,即 S 末尾,但也可以放在 S 中间,如例③。

39 Как(это) ＋ A?

① — Вы кто?

— *Как кто?* Я Болтырев.（К. Каранов）

"您是谁?"

"问我是谁? 我是保尔特列夫呀。"

② — Не надо, там.

— Да что ты, *как это не надо?*（С. Михалков）

"不用,妈妈。"

"你怎么啦,怎么不用呵?"

③ — Кузьма, гони, ради Христа!

— Кого?

— *Как — кого*, бабу свою гони!（В. Белков）

"库兹玛,看在上帝面上,撵走吧!"

"撵走谁呀!"

"撵走谁,撵走你老婆呗!"

④ — Разве я виновата, маменька, что мне никто не нравится?

— *Как это не нравится?*（А. Островский）

"妈妈,我不喜欢任何人,可这能怪我吗?"

"怎么叫不喜欢任何人?"

⑤ — Не знаю...

— *Как это не знаю? Что ты говоришь?* (Гладков)

"不知道……?"

"怎么不知道？你说的什么？"

[解析]这是在对话过程中用来质问的句式，A 代表谈话对方言语中的某个词或词组，说话人提问时重复这个词或词组，要求给予回答。句式本身带有疑惑不解或指责的意味，认为对方不该那么说。如例⑤的"Как это не знаю?"意思是"'不知道'这话怎么讲?"，等同于 Как не знаешь?

40 (A)вдруг ＋ 句子形式?

① *А вдруг он откажется?*
[若是他拒绝呢？]

② *А вдруг война (будет)?*
[若是打起仗来怎办？]

③ *Страшно: вдруг доктора ошиблись?* (Чехов)
[真可怕：万一大夫诊断错了呢？]

[解析]这是一种表示疑问、推测性质的句式。说话人心有疑虑，担心出现某种不利情况。вдруг 具有加强一假设语气的意义，常与 A 相结合，一般用于疑问句首。а вдруг 也可简化为 вдруг (见例③)。

41 А что(,)если…

① *А что, если Маша заблудилась?* (Ю. Сотник)
[若是玛莎迷路了呢？]

② *А что, если он не хочет работать?*
[若是他不想工作呢？]

③ *А что если проект посёлка будет без твоей подписи?* (Г. Мдивани)
[若是城镇的平面图没有你的签名会怎样？]

④ *А что будет, если ему уже сказали? Я боюсь.* (А. Корнейчук)
[若是别人已经告诉了他会怎样呢？我害怕。]

[解析]这是表示说话人对未来情势不明而担惊受怕的疑问句式。А что если...中的 что 部分来源于 А что будет(случится)，口语中通常用 А что если。但也会碰到 А что будет, если...（见例④）。а что если 已经溶合在一起，书面上可以无逗号（如例③）。

㊷ Ну(ну как)＋S 句子形式?

① *Ну услышит кто-нибудь?*
[不会有外人听见么?]

② *Что вы! Что вы! Ну войдёт кто-нибудь, какой неосторожный!*（А. Островский）
[您这是干什么呀！若是有人进来看见多不好，太不慎重啦!]

③ *Ну как ливень застанет них на поле?*（Паустовский）
[他们不会在田野遇上大雨吧?]

④ *А ну как дождь?*
[不会下雨吧?]

⑤ *А ну-ка да скажет высшее начальство: "разложение" или что-нибудь вроде того?*（Троепольский）
[上级领导会不会说这是"腐化变质"或者诸如此类的话呀?]

[解析]这个句式表示担心发生某种不希望发生的事态，兼有不太肯定地推测的意思。ну(ну как)可带有加强语气的 а 等，如：а ну, а ну как。

ну(ну как)置于句首，语调上与后继词语并无间隔，应连读。

ну(ну как)后的句子(S)一般是动词句，像例④ 那种后接单部名词句的情形比较少见。"Ну(ну как)＋S"多为问句。

㊸ Можно ＋ я ＋ 将来时谓语?

① *Можно, я добавлю?*（из «Школы мужества»）
[我补充几句行吗?]

② — *Пап, можно я тебя провожу?*
— *Ну, давай! Только быстрей!*（из «Школы мужества»）
"爸爸，我可以送送你吗?"
"好吧，不过动作快点。"

③ *Можно я с вами пойду?* （Л. Розанов）

［我跟你们一起去行吗？］

④ — *Можно я приду?*

— Конечно, — обрадовалась она.

"我去找你可以吗？"

"当然可以，"她高兴地回答说。

⑤ Папа, *можно я буду спать* на верхней полке? （Костомаров）

［爸爸，我睡上铺行吗？］

［解析］这个句式是俄语中比较新的口语句法现象，можно 的这种用法在近些年的文艺作品中日益常见。这个句式的意思是："我（想）……行吗？"或"我可以……吗？"说话人欲做某事前，在征求对方同意时使用。

在 можно 之后的是句子形式（я＋谓语），其中动词谓语用将来时。由于是指一次具体动作，故常用完成体，但当动词只有未完成体或指无界限动作时，则用未完成体，如例⑤：буду спать...

44 （А）почему бы не ＋ 不定式？

① *А почему бы вам в Санкт-Петербург не прокатиться?*

［你们怎么不跑一趟圣彼得堡呢？］

② — Просто я ей верю.

— *А почему бы ей не верить?* Женщина всегда порядочнее вас. （А. Софронов）

"我真的相信她的话。"

"怎能不相信呢？这个女人比您正派多了。"

③ — Вы здесь все свои, грибы из одного куста, но ты же на меня не подумаешь?

— *А почему бы не подумать?* — озлился Захар. （П. Проскурин）

"你们在这儿都是自己人，都是一块地里的香菇，你不会怀疑我吧？"

"为什么不能怀疑你？"扎哈尔气恼地说。

④ А в общем, *почему бы и не попробовать?*

［概括地说吧，干嘛不试一试呢？］

［解析］这个句式的字面意思是"为什么不……呢？"，实际上是"应该……嘛！"如例④实际上表达的是"应该试一试嘛！"这种句式所表达的语气一般较委婉，但也可能带有强烈的不

满情绪(如例③)。

本句式只用于现在时,不定式通常用完成体,指一次具体动作,如果指多次动作或无界限的动作,也可用未完成体(如例②)。

почему бы 可换成 отчего бы.

四

表达肯定或否定的句式

45 Как(же)не ＋ 名词、形容词、副词等(！)

① — Неужели я дура?
  — Ну, *как же не дура*！(Л. Толстой)
"难道我是傻子？"
"是呀，当然是傻子呀！"

② — Что ж, ты рад?
  — *Как не рад*！Уж так-то рад, матушка。(Л. Толстой)
"怎么，你高兴吗？"
"怎么不高兴！我太高兴了，老大娘。"

③ — Нужно приданое?
  — *Как не нужно*, конечно, нужно。(Островский)
"需要嫁妆吗？"
"怎么不需要，当然需要啦。"

④ — Что ж, тебе скучно здесь?
  — *Как не скучно*。(Л. Толстой)
"怎么，你在这儿觉得寂寞么？"
"怎么会不寂寞呢。"

⑤ — Это что такое? Это не грибы?
  —Конечно, грибы, *как не грибы*。
"这是什么？是香菇吧？"
"当然是香菇，怎么不是香菇。"

[解析] 这个句式是加强肯定意思，寓于表情色彩，用在对话的答话中。这里 как(же)не

后可接名词、形容词、副词,强调肯定事物、特征的存在。

 Какой(-ое,-ая,-ие) тут ＋ 名词一格!

① — Кто он, если не секрет?
— *Уж какие тут секреты!* (А. Софронов)
"若不是保密,那他是谁?"
"这有啥可保密的!"

② *Какой уж там авторитет*, если он начнёт кланяться направо и налево! (А. Масс)
[若是他左右逢迎,那还有啥威信可言!]

③ — Может быть, у него в самом деле есть талант!
— *Какой тут талант!* (Писемский)
"也许他真有才华。"
"有啥才华呀!"

④ — Надо бы нарыть червей.
— *Ну, какие ж теперь черви!* Червей роют утром. (В. Лукашевич)
"应该挖些蚯蚓才是。"
"瞧你说的,现在哪有蚯蚓呀! 蚯蚓都是早上挖。"

⑤ — Я знаю... это для вас жертва.
— Э, полноте! *Какая тут жертва!* (Тургенев)
"我知道……这对您来说是牺牲。"
"得啦! 这算什么牺牲呵!"

⑥ — С семьёй виделся?
— Да *какая там семья?* Одна жена!
"见到他一家人了吗?"
"什么一家人哪? 只有妻子!"

⑦ Да не свадьба была! *Какая там свадьба!* (А. Вампилов)
[根本不是婚礼! 哪里是什么婚礼呀!]

[解析]这个句式用来否定名词所指事物的存在,一般是在对话中用来反驳对方。句式中的名词必是谈话对方的话中已出现过的。какой 必须与名词的性、数一致;在它的后面,除 тут 外,尚可以用 там(如例②)、уж(如例②)或只有 ж(如见例④)。被否定的名词通常为在

前句中已出现者，原来句的名词为单数时，重复时可改为复数（见例①）。

47 **Какое ＋ A！**

① — А ведь, право, они очень скромные.
— *Какое скромные*! Драчуны, самый буйный народ. (Гоголь)
"其实他们温文尔雅。"
"才不温文尔雅哪！可好寻衅斗殴啦。"

② — Не рано ли? Говорят, вредно для голоса учиться в эту пору.
— О, нет, *какое рано*! — сказал граф. (Л. Толстой)
"不早吗？人们说这个时候学对嗓子不好。"
"呵，一点儿也不早！"伯爵说。

③ — Чай-то от хозяйки, что ль?
— *Какое от хозяйки*! (Достоевский)
"是女主人吩咐烧的茶吗？"
"哪里是女主人吩咐的！"

④ — Может-то наши новую позицию занимали?
— *Какое там наши*! Наши ещё в окопах сидели, когда мы пошли. (В. Некрасов)
"那也许是我们的人占据着新的阵地？"
"那里哪会是我们的人！当我们出动的时候我们的人还蹲在战壕里呢。"

⑤ — Ты ведь здоров?
— *Какое* (здоров)! Того и гляди слягу.
"你身体健壮吧？"
"健壮个啥呀！随时都可能病倒。"

[解析] 这个句式一般用在对话中，表示对谈话对方某个意思的反驳、不同意。相当于汉语的"才不……哪！""……什么呀！""哪里是……！"。какое 永远前置，它已副词化，意为 вовсе не, совсем не。在 какое＋А 这个句式中，A 可以是重复谈话对方话语中出现的被反驳的任何词。

48 **Стану(буду)я ＋ 未完成体动词不定式**

① — Ничего подобного. Прочти Драйзера.

— *Стану я читать какого-то Драйзера, когда я видела несколько десятков американских картин.*（Ромашов）

"没有这么回事。你读读德莱塞的作品吧。"

"我才不去读什么德莱塞的作品呢,我都看了几十部美国电影啦!"

② — *Пойдём посмотрим!*；

— *Стану я смотреть такую картину. Совсем не интересная.*

"我们去看看吧!"

"我才不去看这种电影呢,一点儿意思也没有。"

③ *Желторотый разбойник постоял-постоял и не выдержал:*

— *Буду я сто лет ждать какого-то головастика! Нашли дурака!*（Из болгарской сказки）

[黄嘴的小强盗(小鸭)等了一会儿,等得不耐烦了,说:"我才不为一个小蝌蚪在这儿久等呢! 我可不那么傻!"]

④ — *Мама, Андрей разлюбил Мусю или просто он такой волевой.*

— *Станет он её любить!*（Ф. Вигдорова）

"妈妈,是安德烈不爱穆西娅了还是他意志力很强?"

"他才不会爱她呢!"

[解析] 俄语中,特别是俄语口语中,有一些形式上肯定,而实际内容则属否定的反意句式。如例①,"Стану я читать...",意思不是说"我将去读……",而是说"我才不去读……哪!"这个句式一般用于对话中,对于对方提出的某事表示不同意,带情绪地表示"不去干……!"

结构上要注意的地方是:стану(或 буду...)一定要放在句首,在主语之前。除第一人称外,也可用第三人称,如例④。在这种句式中 стану 也可能换成假定式:Стал бы я...,体现假定式意义,如:

① *Стал бы я связываться с таким, если б знал!*（И. Гончаров）

[若是知道,我才不跟这号人打交通呢!]

② *Стала бы я из города выезжать по такой погоде! Да ещё на ночь глядя!*（Сергеев-Цинский）

[我才不会在这种天气出城呢! 而且是在夜里!]

㊾ **Так я(он…)и ＋ 完成体动词过去时(将来时)形式！**

① — Наверное, он денег просить приехал…

　　— Дожидайся, *так я и отдал*. (С.-Щедрин)

　"他大概是要钱来了……"

　"让他等着吧，我会给他的！"

② Ишь ты, ещё пугать выдумал! *Так его и побоялись*. (А. Островский)

　〔瞧你还威吓起来了！谁怕他怎么的。〕

③ — Молчать!

　　— *Так я тебе и замолчал*! (Шведова)

　"住口！"

　"我才不会住口呢！"

④ — Почему ты соседям не помог примириться?

　　— *Так они меня и послушали*! (В. Шваркин)

　"你怎么不帮助邻居们和解呀？"

　"他们哪会听我的！"

〔解析〕这个句式表情色彩强烈，表示不同意进行某一行为。句式形式上肯定，而实际内容上却是否定。如例①，"Так я и отдал!"并不是说："我给他了"，而是说："我才不会给他哪！"也就是说，动词过去时并不是表示已完成的动作，在这个特定的句式里，表示"不会去做……"。так一词固定在句首。主语除第一人称外，也可以是其他人称，如例④。

动词谓语也可以用将来时，如例③也可以说成"Так я тебе и замолчу!"意思不变。这个句式通常是用于答话中，表示对祈使行为的否定。

㊿ 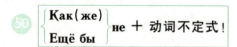 не ＋ 动词不定式！

① — Вы поедете?

　　— *Как же не поехать*!

　"您去吗？"

　"怎么能不去呀？"(或：当然要去啦！)

② — Вы его знаете?

　　— *Как же не знать?* Он мне родной брат.

"您认识他？"

"当然认识啦！他是我亲哥哥。"

③ *Ну как же нам песню не спеть* боевую…（Лебедев-Кумач）

［我们怎么能不唱一支战斗的歌曲……］

④ — А, чай, много бывало с вами приключений?

　　— *Как не бывать*, бывало.（Лермонтов）

"或许，您遇到过许多事件？"

"哪儿能没遇到过，遇到过。"

⑤ — Вы, наверное, волновались?

　　— *Ещё бы не волноваться.*

"您一定激动了吧？"

"哪能不激动。"

⑥ — Она это знает.

　　— Да, *ещё бы не знать?*（Горький）

"她知道这件事。"

"是呀，哪能不知道！"（或"她当然知道啦！"）

［解析］这个句式充满表情色彩，对某一想法加以无可争辩的肯定。как（же）не，ещё бы не 字面意思是"哪能不……"，"哪还能不……"，实质上都是"当然要（会）……"的意思。不定式动词可以是未完成体，也可以是完成体。

51 Что ＋ 代词(名词)三格 ＋ до ＋ 二格?

① *Что мне до них?*

［他们的事与我有啥关系？］

② *Что мне до ваших дрязг?*

［我干嘛去管你们的争吵？］

③ *Что ребятам до скучных нравоучений?*

［孩子们干嘛去听那些枯燥的说教？］

④ *Какое ему дело до меня?*

[他干嘛管我的闲事?]

[解析] 这个句式是用来表示"某某与某事物无关"或"某某对某事物持否定态度"。кому 表示主体,多用人称代词;до+кого-чего 则多用人称代词及动作名词。что 可代之以 какое дело(如例④)。句子形式上是问句,实际上不是提问,而是表示一种否定态度。

㊷ 代(名)词三格 + не до + 二格

① Хотелось твоё мнение слышать. Но теперь *тебе не до меня*. (Пушкин)
 [想听听你的意见,可你现在顾不上我。]

② *Мещерскому*, однако, *не до стихов*. Он позабыл о них.
 [梅谢尔斯基没工夫吟诗了,他已经忘掉了吟诗。]

③ — Вы прочли эту книгу?
 — Нет, *мне теперь не до книг*. (Тургенев)
 "您读过这本书吗?"
 "没有,我现在没工夫读书。"

④ Житков молчит... Да и *всем вообще не до разговоров*: идти было слишком тяжело. (Гаршин)
 [瑞特科夫一声不吱……大伙儿也都没心思说话,行路太艰难了。]

⑤ — Голубушка барыня, посмотрите в зеркало, вы бледны.
 — *Не до зеркала мне*; я должна ехать рассказать Анне Григорьевне. (Гоголь)
 "亲爱的太太,照照镜子吧,您脸色苍白呢。"
 "我顾不上照镜子,我得赶紧去跟安娜·格里高利耶芙娜说个事。"

⑥ Ступайте! отдохните с дороги! *Не до разговоров* теперь, завтра поговорим. (Салтыков-Щедрин)
 [你们去吧!路上累了歇歇吧!现在你们没兴致聊天儿,咱们明天再谈吧。]

[解析] 这个表明鲜明情态意义的句式可以说有两种意思;1. 没有可能,没有工夫,顾不上干什么;2. 没有兴致,没心思干什么。具体属于哪种,要看具体的情景,具体的上下文。кому 表示主体,не до кого-чего 表示客体,客体可以是人,也可以是物。

53 до ＋ 代(名)词二格＋ли＋代(名)词三格？

① У него дел по горло, *до песен ли ему*?
   [他忙得不可开交，还能有心思去唱歌？]

② *До братьев ли Наталье*?
   [娜塔丽娅哪里顾得亲兄弟们呀？]

③ Не знаю, откуда он родом, даже отчества его не помню — *до отчества ли было на войне*?
   [我不知道他哪里生人，甚至连他的父称都不记得——战场上还顾得上问父称么？]

④ *До кино ли мне*, когда день и ночь работаю?
   [我日夜工作，哪有工夫去看电影呀？]

[解析] 这个句式形式上为疑问句，实际意义却是不需回答的否定句，表示由于某种环境所致，某人(第三格)顾不上什么，不能做什么。

до 和 ли 的位置固定。属于无人称句，过去时用系词 было，将来时则用 будет。

54 疑问代(副)词(же), как не ＋ A?

① — Кто бы это мог быть?
   — *Кто же, как не Колесников*. (Брянцев)
   "这能是谁呢？"
   "除了柯列斯尼科夫还能是谁。"

② Что же тут думать? *Где ж ещё, как не у нас*? (Р. Бершадский)
   [有啥可考虑的？不在我们家，还能在哪儿呢？]

③ *Кому же быть, как не тебе*? (Е. Кутузов)
   [不是你还是谁呢？(当然是你呀！)]

④ *Кто, как не комендант города*, уговорил его работать в немецком офицерском госпитале. (Г. Бурянцев)
   [不是别人，正是城防司令劝他去德军军官医院工作的。]

⑤ *Что получил народ, как не новые заплаты*? (А. Левандовский)
   [人民除了衣服上增加了新补丁，又得到了什么呀？]

⑥ *В каком ещё облике, как не в роли пресвитра*, обретал он такое спокойствие. (В. Рудов)

［正是长老会牧师的身份，他才得以如此恬静。］

⑦ Искал, искал, наконец, видит, в самом углу стены нора. «*Ну где же, как не в этой норе*, жить мышиному семейству!» (Г. Иванов)

［找呵，找呵，终于看到墙角上有个洞。"嗯，耗子不是在这个洞里还在哪儿呢！"］

［解析］这种结构用于表示强化肯定。即使是疑问句形式，也是修辞问句，实际是肯定的意思："不是 A 还能是啥呀？""不是别的……，正是……"как не 后面一定要跟有与疑问代词和副词在形式上相对应的成份，如：где же, как не у нас；где же, как не здесь。此时，как 用作条件连词，与连词 если 的表意相同。"疑问代（副）词＋как не..."往往不单独用，而是句子的一部分骨架，如例④、⑤、⑥、⑦，此时注意标点。

55 Вот(ещё) ＋ A!

① — Мой фрак тебе не впору...
    — *Впору, вот не впору*! (Гончаров)

"我的燕尾服你穿不合身……"
"合身，怎么不合身！"

② — Ушибся, Алёша?
    — *Вот ещё ушибся.* Ничего. (Л. Толстой)

"跌伤了吧，阿廖沙？"
"跌什么伤啊，没事儿。"

③ — Ты, пожалуйста, не сердись!
    — *Вот, сердиться*! (Л. Толстой)

"你可别生气呀！"
"生啥气！"

［解析］这个句式用在对话中。句子中的 A（A 代表任何词语）是重复对话中的某个词。句式表示不同意对方说法，对其予以否定。这个句式很富于感情色彩，再加上 ещё，语气更加强烈。如果重复对方话中的动词，则"Вот A"句子中该动词改用不定式（见例③）。

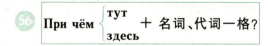

① *При чём* же здесь моя *мать*?

[这跟我母亲有什么关系?]

② — Покажу завтра(это письмо)Ивану Фёдоровичу.

— *При чём тут он*?（Шведова）

"我明天给伊万·费多罗维奇看看。"

"这跟他有何相干?"

③ — Умная какая!

— *При чём здесь ум*?（Быков）

"真聪明!"

"这跟聪明不聪明有什么关系?"

④ — Мама, я не могу одолжаться...

— *При чём тут одолжаться*?（Трифонов）

"妈妈,我不能欠人家的情……"

"这怎么能算欠人情?"

⑤ *Ты при чём*? Печь ведёт сталевар, он за неё и отвечает.（В. Попов）

[这跟你有什么关系? 炉子由炼钢工人管理,应该由他承担责任。]

[解析]这个句式用来否定某人、某物与某情境的关系。形式上是提问,实际上表达否定意义,带有反驳、不满、惊讶等语气。при чём 通常位于句首,偶而也有把代词、名词前置的情形(如例⑤)。при чём 后常接名词或代词一格,也可能接动词不定式(如例④)。这种句式只用现在时。

㊼ Где(уж, там) + A

① — Вы человек хороший...

— *Где уж хороший*, если уговорить не могу.（А. Островский）

"您是个好人……"

"好什么呀,都劝不好您。"

② — Жива?

— *Где уж жива*? Высоко бросилась-то. (Он же)

"还活着吗?"

"哪里还活着吗?! 从高处跳下来的。"

③ — Хозяин спит?!

— *Где там спит*? На работе. (А. Рыбаков)

"主人睡觉啦?"

"哪里在睡觉! 上班去啦。"

④ — А ведь дознаются свахи все. (Л. Толстой)

— *Где же им дознаться*. Пьяные все.

"媒人们会发觉的。"

"他们上哪儿发觉去。全都喝得酩酊大醉了。"

⑤ — Может, ещё мы на след попадём…

— *Где попасть, где попасть*! Не на то воруют лихие люди… (Горбов)

"也许我们还能发现印迹……"

"上哪儿能发现去! 那些偷盗老手不会留下什么印迹的……"

[解析]这个句式用来表示反驳或不同意谈话对方的某个说法,相当于汉语的"上哪儿……","哪里……"。A是重复对方话中的某个词,可以是任何词。重复动词时常常改用不定式,不定式句具有动作不可能实现的意思。句式中的 уж 或 там 是加强语气的。

58 代名词(主语)＋никакой не＋名词一格

① — Я никуда не пойду, товарищ директор!

— *Я никакой не директор*.

"我哪儿也不去,校长同志!"

"我根本不是校长!"

② Я не политик, не экономист, короче, я никакой не социолог. Наконец, я не техник, я врач. (Инбер)

[我不是政治家,不是经济学家,简而言之,我根本不是社会学者,而且,我也不是技术人员,我是个医生。]

③ — Ну и лентяй же ты!

— Почему "лентяй"? *Никакой не лентяй*.

"你可真懒！"

"为什么说我懒？我可一点儿不懒！"

④ *Никакой он мне не дядя*！

［他根本不是我的叔叔！］

［解析］这种句式完全、断然地否定某事物的性质、特征。никакой не —— 口语性用语，意为"вовсе не, совсем не"，相当于汉语的"根本不是，一点儿也不（是）"。后面的名词可以是任何性、数的。通常用在对语中。никакой не 后面的名词为重复词（如例①、③），但也可以独立使用（如例②）。通常代名词在前，但强调时 никакой 也可提在代名词之前（如例④）。

注意：口语中 никакой 可单独使用，不带 не，此时表示"不好的，不合格的，不适合的"，如：Шахматист он никакой.［他是个蹩脚的棋手。］

59 Что ＋ 动词不定式！

① — А вы посмотрите получше...

— *Что там смотреть*! И так видно.（В. Смирнов）

"你好好看看……"

"用不着看！事情够清楚的啦！"

② — Ты сходи сам!

— *Что мне ходить*! Я так знаю.（Л. Толстой）

"你自己去一趟吧！"

"我用不着去！我不用去就知道。"

③ *Что и говорить*, случай поучительный.（А. Кафтанов）

［还用说么，这件事很有教育意义。］

④ — Врёшь?

— *А что мне врать*?

"是撒谎吧？"

"我撒什么谎呀？"

⑤ — Послать его к вам?

— *Чего посылать-то*（Л. Толстой）.

"给您寄去吧？"

"用不着寄。"

⑥ — Пробовать будешь?

— *Чего тут пробовать*！（А. рыбаков）

"你试试么?"

"有啥好试的!"

[解析]这个句式是用来否定进行某一动作的必要性：说话人认为干某事是不必要的。что 在这里意近 не надо，не нужно，нет смысла，与之连用的动词不定式要用未完成体，例①，②清楚地表明：建议干某事时动词用了完成体，而否定动作的必要性的"что＋不定式"中的相应动词则用未完成体。句式中可用 и，там(тут)等语气词加强语气。

60 Вот и＋单数第二人称命令式！

① *Вот и жди от них помощи*. Они и не думают что-нибудь предпринимать.

[你等他们来帮助，那是徒劳的。他们压根儿就不想帮助你。]

② Всё время шумят. *вот и отдохни*！

[一天到晚老是吵闹。叫人怎么休息！]

③ *Вот и делай* для него что-нибудь：в ответ не получишь никакой благодарности.

[你不要为他做什么事：他一点儿也不会感激你的。]

④ Никого нет дома！*Вот и навещай их*.

[家里一个人也没有！你去拜访个啥。]

[解析]这种句式是以语法上肯定的形式表达语义上否定的意义，如例①：Вот и жди 实际意为 не жди，即"不要期望。"动词命令式为未完成体时，意为"不要……"，"不应……"，完成体时，则意为"不可能实现、完成某动作，达不到结果"（如例②）。命令式用单数第二人称，带有泛指意义（如例①，②，③）。句中不带主语，一般带语气词 вот(и)。

61 И то＋А

① — Глянь，Василиса，никак ведь баба-то ревёт?

— *А и то ревёт*.（С.-Щедрин）

"你看看，华西丽莎，是不是那女人在嚎叫?"

"果然是在嚎叫。"

② —Торопи, торопи, дед!

　　—*И то тороплю*.（М. Шолохов）

"把马赶快点，爷爷！"

"我本来就在赶快哪。"

③ —Что это ты, как мещанка, платком покрываешься? Точно сирота какая.

　　—*Да и то сирота*.（А. Островский）

"你这是怎么的啦，干嘛像个小市民，用头巾蒙着头？就好像你是个孤儿似的。"

"本来就是个孤儿嘛。"

④ —Тебе бы самому сходить.

　　—*И то сходить*.（Шведова）

"你应该自己去一趟。"

"是要去一趟呢。"

[解析] 这个句式用在对话中。甲、乙交谈，甲提出某个想法，乙用"И то ＋ A"这个句式表示肯定甲的说法（如例①），或者表示接受、同意甲的提议（如例④），或者表示：甲建议的事，已经在做（如例②）。

"И то ＋ A"这一句式中的 A 部分可以是任何实词，一般为谓语，是对方谈话中已出现过的。

 完成体动词单数第二人称形式（＋从属成分或语气词）

① —Нечего мне думать! Ты хитрить хочешь.

　　—*Нахитришь у вас*!（Писемский）

"我没必要去考虑！你想骗人。"

"谁能骗得了您！"

② —Как, вы тоже не спите?

　　—*Заснёшь с вами*!（К. Симонов）

"怎么，您也没睡？"

"跟你们在一起谁能睡得着！"

③ —Спи, спи, милый. Пять часов только.

　　—*Уснёшь тут*, как же!（А. Арбузов）

"睡吧,睡吧,亲爱的。才五点钟。"

"人家怎么睡得着嘛!"

④ ... государство бьётся, чего-то хорошее хочет для всех сделать. *Сделаешь с таким! Ха!* (Малышкин)

[……国家尽全力,想为所有的人做些好事。可是这么一个乱摊子能干成什么!哼!]

[解析] 这种句式由完成体动词将来时单数第二人称形式(外加必须的从属成分)构成,带有泛指人称意义。形式上是肯定句,实际上是表示相反的意思,相当于带 не 的句子。表示(泛指性)不可能实现所指的行为。一般用于对话或连续话语的第二部分,前面用的往往是未完成体,语义否定句则用相应词义的完成体动词(带有"不可能"的情态意义),该动词又往往带有必要的从属成分(如例①,②)或语气词(如例③)。句子带有不满的感情色彩。

63 A(a)＋代(名)词一格＋хоть бы что

① Ему говорят, *а он хоть бы что*, ничего не слушает.

[人家跟他说,可他不理会,什么也不听。]

② Пять раз говорила, *а ты хоть бы что*! (Кутузов)

[我说了五遍啦,可你根本不理会!]

③ Не хочется лечиться! Мы уже с мамой говорили, говорили ему. *А он хоть бы что.* (Баруздин).

[他就是不愿去治病!我和妈妈一再跟他说,可他就是不听。]

[解析] 这个句式用在对比关系复合句中。前面句子为言语行为(如 говорить), а он хоть бы что 表示"不理会,不听",当耳旁风。对比连接词 А(а)是结构必需的。

64 代(名)词三格＋хоть бы что(.)

① Спит как убитый. *Ему хоть бы что*, будто никакой беды. (Шеметев)

[他睡得死死的。根本无动于衷,好像没发生任何灾难似的。]

② Чего, Елена, воротишь рыло? Дома я не был целую неделю. *А тебе хоть бы что.* (Смирнов)

[你干嘛扭着头不理人,叶莲娜?不错,我整整一个星期没回家。这跟你有什么关

系嘛。]

③ Заботятся про нас, учат, *а нам-хоть бы что*. (Горький)

[人家关心咱们,教育咱们,可咱们却无动于衷。]

④ У него брат очень болен, *а ему хоть бы что*, даже не сходит к нему. (Рогожникова)

[他的哥哥病重,可他毫不关心,连看看都不去。]

⑤ Такие волны, *а ему хоть бы что* (она же).

[这么大的风浪,可他满不在乎。]

[解析]"кому + хоть бы что"这个句式表示某人对某事、某情况无动于衷;满不在乎;或者"与谁无关"(例2)。

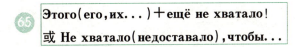

① Проклятый дождь! *Его ещё не хватало!* (Г. Брянцев)

[这场雨真糟糕! 干嘛下雨呀!]

② — А кого вместо Осьмухина бригадиром назначить?

— Ковшова.

— *Этого ещё не хватало!* (Мусатов)

"谁接替欧西姆辛当队长?"

"科甫绍夫。"

"怎么让他当!"

③ Ладно, хватит. *Недоставало (ещё), чтобы вы из-за меня перессорились.* (Г. Брянцев)

[好啦,好啦。哪能叫你们因为我而争吵呀。]

④ Краюхин ворочался с боку на бок, сердился на себя: "А, чёрт побери! *Не хватало ещё бессоницей заболеть!*" (В. Солоухив)

[科拉尤辛辗转反侧,生气地自言自语道:"真见鬼! 怎么得上了失眠症!"]

⑤ — Я рассказала всё Андрею Ильичу.

— Что всё?

— Всё, что ты просил не рассказывать до завтра.

— Спасибо. *Мне только этого сегодня не хватало.* (Симонов)

"我把一切都对安德烈·伊里奇讲了。"

"什么一切?"

"你要我到明天之前不要讲出去的一切。"

"多谢。我今天就怕你来这一手。"

[解析]这种句式用来表达对某种不好的,不希望出现的情况的不满、恼怒之情。通常为 этого(或 его,её...)ещё недоставало(не хватало)形式。недоставало,не хватало 后面可接动词不定式(如例④)或接 чтобы 引起的从句(见例③)。动词 не хватать, недоставать 通常用于过去时,因为一般涉及的是既成事实,也可用现在时(如例⑥),表示"不该,不应"的意思(带不满情绪)。句中主体用第三格(如例⑤)。

66 никого＋表人名词二格

① *Никого друзей.*

［没有一个朋友。］

② У неё *никого родных.*

［她没有任何亲人。］

③ В этот городе *никого знакомых.*

［这个城市里没有熟人。］

④ У них трое детей, *никого прислуги.*（Л. Толстой）

［他家有三个孩子,没有任何仆人。］

[解析]这个句式表达"完全没有"的意思。如 никого знакомых —— 意为"знакомых совсем нет",或"никто из знакомых не присутствует",没有的"……人"用复数二格,但如果该词只有单数,如集合名词,则用单数二格(例④, прислуги)。

这个句式不用 нет。过去时用 не было,将来时用 не будет。现在时也可用于祈使意义,如 Никого посторонних!［不许有任何外人!］

67 Ни ＋ 名词二格(Ни звука)

① На улице *ни души.*

［街上连个人影都没有。］

② У меня *ни рубля.*

［我一个卢布也没有。］

③ От Вани *ни телеграммы*, *ни письма*.

　　　［万尼亚没电报来，也没信来。］

④ Из семьи — *ни копейки*.

　　　［家里一分钱也没寄来。］

⑤ *Ни моря синего*, *ни неба глубого*.

　　　［既没有蓝色的大海，也没有蔚蓝的天空。］

⑥ *Ни звездочки* на небе.

　　　［天上没有一颗星星。］

　　［解析］这个句子否定某事物的存在。ни 是否定语气词，其后的名词用第二格，Ни звука.［没有一点儿声音。］相当于 Нет ни звука. 但比后者否定语气更强烈。名词一般用单数二格，相当于 нет ни одного(одной.)... Ни звука 是无人称句。

　　《Русская грамматика》(1980)认为："这类句子与带 нет 的句子构成体系性对应关系(Ни копейки — нет ни копейки)。"该语法认为，ни копейки 是聚合体，我们认为，应把 ни копейки 这种句式看成只有现在时形式的熟语性结构，而把带 было, будет 等时、式变化的变体看成是"нет ни копейки"句的变体。实际上《Русская грамматика》§2470 中的下段话为我们提供了根据："然而 ни души 一类句子的聚合体有其独立性，证明这一点的是有不能带 было 的假定式、条件式和祈使式形式，如 Чтоб тебе ни дна, ни покрышки!"。［让他（们）没有好下场！］

五
表达祈使、愿望、威吓、咒誓的句式

68 Никаких ＋ 名词二格！(,)

① Сейчас мы поедем к нам. Будешь жить у нас. И не возражайте. *Никаких гостиниц!* (Ч. Айтматов)

[现在我们到我家去。住在我家。不要反驳。不去任何旅社！]

② Я сам буду хоронить на разъезде, *и никаких разговоров!* (Он же)

[我准备自己动手把他葬在会让站，不要谈了！]

③ — Ну, Костантин Николаевич, мне ехать пора...
— *Никаких «ехать»*, ночевать оставайся. (А. Рыбаков)

"但是，康斯坦京·尼古拉耶维奇，我该走了……"

"你不能走，你要留下过夜。"

④ — Но...
— *Никаких «но»*, за мной!

"但是……"

"不要说什么'但是'，跟我来！"

[解析] 这个句式表示断然反对谈话对方的某个意念或者禁止对方做某事，带有不容分说的意味。处于名词二格地位的可以是其他名词化的词或词形，如例③中的«ехать»，例④中的«но»。

69 Чтоб ＋ ни ＋ 名词二格 或 Чтоб ＋ 副词！

① *Чтоб ни души!*

[一个人也不要有！]

② *Чтоб ни звука*！
　［不许出声！］
③ *Чтоб ничего лишнего*！
　［不要任何多余的东西！］
④ *Чтоб тихо*！
　［安静！］
⑤ *Чтоб(была)тишина*！（Шведова）
　［(要)安静！］
⑥ *Смотрите же*, *чтоб нигде ни гугу*！
　［注意,到哪儿都不许说！］

[解析]这种句式也是表示比较坚决的祈使和意愿,其特点是不用过去时动词形式(虽然原则上讲,可以出现过去时形式,如例⑤),这更说明 чтоб(不是 чтобы)已语气词化了。
　　苏联科学院 1970 年版《俄语语法》指出:"带 чтоб 的形式为日常口语所特有"(582 页)。чтоб 表祈使,也可接名词一格(＋быть 过去时),如例⑤。

70 **He...бы(或主语＋бы＋не＋过去时动词谓语)！**

① *Поезд бы не опоздал*！
　［火车可别晚点啊！］
② *Дождик бы не пошёл*！
　［可别下雨呀！］
③ *Не ушибся бы*！
　［可别跌伤呀！］
④ *Не опоздал бы*！
　［可别迟到啊！］
⑤ *Гремит*: *не гроза бы*.
　［打雷了,可别来雷雨啊。］

[解析]не...бы 相当于 как бы не(参见句式 77),也是表示担心出现不好的、不希望出现的情况。Поезд бы не опоздал! 可换成 Как бы поезд не опоздал! 在《не...бы》结构中,не 并没有原来的否定意义。
　　《не...бы》用于主语和谓语都有的句子时,通常用"主语＋бы＋не＋动词谓语"这样的词

序。在无主语或只有主语的句子中，бы 通常放在句末。如例③，④，⑤。

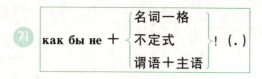

① *Как бы не пожар!*
　［可别发生火灾呀！］

② *Как бы не гроза!*
　［可别来雷雨呀！］

③ — Пришёл кто-то...
　— *Как бы не Ваня.*
　"有人来了……"
　"可别是万尼亚呀。"

④ *Как бы не опоздать!*
　［可别迟到呀！］

⑤ *Как бы не нагрянули гости!*
　［可别突然来一帮客人哪！］

⑥ *Как бы он не забыл.*
　［他可别忘了呵。］

［解析］这个句式的概括意义是"可别……呀（呵）！"，表示说话人担心出现某种不希望出现的情况。как бы 和 не 已经形成一个固定组合，не 没有原来的否定的意思，如例⑥，意思不是"他可别不忘"，而是"他可别忘"。与 как бы не 连用的可以是名词一格（如例①，②，③），可以是动词不定式（如例④），也可以是主谓结构（如例⑤，⑥）。要注意的是，与 как бы не 连用的动词要用完成体，如"他可别病了！"要说成 Как бы он не заболел！

72 **Чтоб ＋主语＋谓语(过去时)！**

① *Чтоб ты учился только на пятёрки!*
　［你要好好学习，都要得五分！］

② *Хорошо, я буду работать, но только чтоб я и учился!*

[好吧,我去工作,但也要让我能学习!]

③ — Чтоб завод работал!

[让工厂开工!]

④ Чтоб вечером ты был дома!（Шведова）

[你晚上要呆在家里!]

⑤ — Чтоб сегодня два госпиталя были сданы! Слышишь? — властно и настойчиво сказал генерал.（Вересаев）

["你今天就得把两个野战医院交付使用! 听见没有?"将军用威严而又坚决的口气说。]

[解析]чтобы 本来是连接词,引出表示祈使、意愿意义的从句。在口语中由 чтоб 引出的从句可单独使用,形成一种独立的句式。此时 чтоб(不用 чтобы)变成语气词,句中的动词谓语仍要用过去时,整个句式是用来表达祈使(如例①),或说话人的意愿(如例②)。"Чтоб..."结构的祈使意义是很明显的。例如:Чтоб вечером ты был дома! 等于 Вечером будь дома! 再如:Чтоб брат был учителем! 相当于 Пусть брат будет учителем![让哥哥去当教师!]

苏联科学院 1980 年出版的《俄语语法》指出:"这种形式表示口气断然的祈使、意愿,为无拘束的言语所使用,带有明显的表情色彩。"

73 单数第二人称命令式＋ещё!

① — Да с чего ты взял? Сестра здрова.

— Поспорь ещё! Я у доктора-то спрашивал.

"你这是说哪里的话? 姐姐身体很好嘛。"

"别争辩啦! 我问过大夫。"

② — Мать не пугай.

— Учи меня ещё!（Макаренко）

"不许你吓唬母亲。"

"用不着你来教训我!"

③ Покричи ещё у меня! Удавлю каналью!（Писемский）

[你再喊一声试试,我掐死这个坏蛋!]

④ — Разговаривай ещё! — прикрикнула на него Нюра.（А. Рыбаков）

["不许说话!"纽拉对他嚷道。]

[解析]这是一种形式上祈使,而实际上是禁止对方做某事的句式,带有不满、威吓的味道。要注意,ещё 一词是不可少的,它置于动词第二人称命令式之后。

74 Лишь бы(хоть бы) ＋动词不定式

① *Хоть бы уйти* куда-нибудь!
  [只要能去什么地方就好!]

② Она готова все сделать, *лишь бы* только догнать класс.
  [她什么都准备干,只要能赶上课程。]

③ *Лишь бы выжить*!
  [只要能活下来就行!]

④ Мне ничего не нужно, *лишь бы* только заниматься любимым делом. (Рогожникова)
  [我什么也不要,只要能干自己喜欢的事就行。]

⑤ *Тебе лишь бы погулять*, а об уроках не думаешь.
  [你只想玩,不想学习的事。]

[解析]这个句式是表达愿望的,лишь бы 强调"只要……就行"。句子语义主体用第三格如例④、⑤(мне,тебе)。这种句子可独立使用(如例①、③),也可作为复合句的一部分(如例②、③)。лишь бы 可代之以 хоть бы(意为"哪怕……也好")。

75 Дай бог, чтобы...

① Прошу вас принять их от меня... и *дай бог, чтобы* они вам на пользу пошли... (А. Островский)
  [请你们接受我的礼物,上帝保佑他们造福于你们。]

② *Дай бог*, товарищ Гринёва, *чтобы* у вас на комбнате было когда-нибудь что-либо подобное. (А. Софронгв)
  [格里尼奥娃同志,愿上天保佑你们工厂有一天能出现类似景象。]

③ *Дай бог, чтобы* в этой повести набралось и одиннадцать-то листов. (С. Наровчатов)
  [上天保佑这部中篇能写到十一个印张。]

[解析] 这是自古传下来的一种祝愿句式。дай 看似"单数第二人称"命令式形式,适用于任何人称、数的主语,故 дай бог(пусть бог даст)。

76 Охота(тебе, мне) ＋ 未完成体动词不定式!

① *Охота тебе с ними спорить!*
[你何苦和他们争辩哪!]

② *Охота ему ехать в такую погоду!*
[这种天气他还去,真是的!]

③ *И вот охота заставлять её! Что она может петь?*
[何苦硬让她唱歌呀! 她会唱什么?]

④ *И что вам охота жить в городе летом? Наняли бы дачку.* (Чехов)
[您干嘛夏天住在城里? 租个别墅吧。]

[解析] 这是一种形义矛盾的句式:整个句子的基调是"不该"、"没必要"(не надо)干什么。"охота..."意谓"干嘛……?""何苦……?""怎么愿意……哪!"动词不定式要用未完成体。

整个句子可以是感叹句,也可为疑问句形式。охота 前可加 что(какая) 如例④。

77 Кого-что к чёрту(чертям)!

① *К чёрту устриц, я не ем, да и ничего не надо.* (Достоевский)
[牡蛎去它的吧,我不吃,什么也不要。]

② *Никого не хочу, кроме вас. Плещеева к чёрту.* (Чехов)
[除了您我谁也不愿见。普列谢耶夫去他的吧。]

③ — *Это же мистика какая-то!*
— *Мистику к чертям! Нужна наука.* (М. Шатров)
"这是一种神秘主义论调!"
"让神秘主义见鬼去吧! 我们需要的是科学!"

④ *Ну тебя к чёрту!*
[去你的吧!]

⑤ *Царь! Бова тебе не надобен, ну и к чёрту царевича!* (Пушкин)

［沙皇！保瓦于你无用，让皇太子也去他的吧！］

[解析]这个句式带有强烈的感情色彩，用以表示对某事物的强烈的不满、拒绝、摈弃。к чёрту 可换成 к чертям，ко всем чертям 或者 к чёртовой матери. 如在 М. Шатров 的一个剧中有这样的句子：И пулю — к чёртовой матери！（让子弹也见鬼去吧！）

78 第二人称命令式（单数）＋各人称代词（或名词）一格！

① *Провались*（бы）все эти бесконечные *дела*（Бунин）！
　［让这些没完没了的事见鬼去吧！］

② *Да пропади она совсем*，эта премия！（Грамматика— 70）
　［这个奖金哪，去它的吧！］

③ *Провались ты* со своими вопросами！
　［你带着你的问题给我滚开吧！］

④ *Чёрт тебя побери*！
　［见鬼去吧！］

⑤ *Разрази вас гром*（Лаврентьев）
　［让雷把你们劈死！］

[解析]这是个表示厌恶、诅咒的句式，带有强烈的感情色彩。在这里单数第二人称命令式可与各种人称、性、数的主语连用，是古俄语命令式用法的遗留。用于这个句式的动词有限，都表示毁灭、垮台、消亡意义。

79 Чтобы ＋ 主语＋动词过去时！

① *Чтобы я пропал*，если я вру.（Ю. Герман）
　［我若是撒谎我就不得好死。］

② *Верь не верь*，чтобы дети мои померли с голоду，коли вру.（Он же）
　［信不信由你，我若是撒谎就叫我的孩子都饿死。］

③ *Чтобы тебя разорвало*！ Нашел время смеяться！（В. Ковалевский）
　［让你粉身碎骨！这时候还开玩笑！］

④ *Чтоб он*（Гитлер）*сдох*！（В. Кетлинская）
　［让他（希特勒）快死吧！］

⑤ *Чтобы ты подавился, негодный бурлак! Чтобы твоего отца горшком в голову стукнуло! Чтобы он подскользнулся на льду, антихрист проклятый!* (Гоголь)

[让你卡死,你这个不中用的纤夫！让你父亲叫罐子砸烂脑袋！让他在冰上摔倒跌死,这个该死的异教徒！]

⑥ *К чортовой матери, чтоб духу твоего здесь не было* (А. Крон)

[去你妈的,不许你再到这里来！]

[解析]这个句式是起誓、诅咒时用的一种固定格式。一般为情感强烈的感叹句,但如果是复合句的一部分,且不在句末时,句子不一定用感叹号(如例①,②)。这个句式可独立使用,它在复合句中做主句(如例①,②)。чтобы(чтоб)不是与主句连接的目的从句中的连接词,而是用于独立句中的语气词,它表示愿望、命令、假想等意义。что 后可接无人称句,如例⑥。

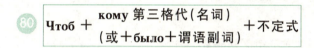

① — Побожить.
— Ей богу. *Чтоб мне провалиться* сей же секунд, ежели брал. (А. Гайдар)

"你起誓。"

"好吧,假如我拿了让我立刻就死。"

② — А может, ты раздумаешь? Так завтра скажешь.
— Я?! Да *чтоб мне лопнуть* на этом самом месте, если я на попятую! (А. Островский)

"说不定你会反悔？还是明天说吧。"

"我反悔?! 若是我变卦,叫我当地死去！"

③ "*Чтоб тебе неладно было*", думал он, вставая из стола. (А. Гайдар)

["让我不得安宁,"他一边从桌后站起来,一边想。]

④ *Ах, чтоб ему!* (А. Гайдар)

[让他不得好！]

[解析]这个句式与上一个句式一样,也是诅咒、咒骂用的。这里 чтобы(不是 чтобы!)后接不定式,或接谓语副词(此时句中出现 было,见例③)。有时是"чтоб ＋ 代(名)词三格！",(如例④)。

81 Я тебе ＋ 完成体将来时

① — Я хочу уехать отсюда...

— Я тебе уеду！（Б. Сахаров）

"我想离开这里……"

"不许你走！"

② — Захочу, купаться буду！

— Я те покупаюсь！（Д. Пришвин）

"我可是想洗澡就去洗澡！"

"我可叫你去洗！"

③ — Посвистать бы ей. Она меня узнает.

— Я тебе посвищу！

"给打她个口哨吧。她听得出我的声音。"

"不许打口哨！"

④ — Эй, Яшка, Митька！ А ну, быстрее сматывать отсюда！ Мы купаться пришли.

— А мы не уйдём！ Сядем вот и будем смотреть.

— Я тебе посмотрю！（Д. Пришвин）

"喂，雅什卡，米奇卡！快点从这儿滚开！我们洗澡来啦！"

"我们不走。我们要坐在这儿看你们洗澡。"

"不许看！"

［解析］这个句式是形式和内容完全相反的句式。句子形式上是肯定的，而实际意义却是否定的。这个句式用在对话中表示禁止或威胁。动词第一人称（如уеду）并非表示说话人要进行的动作，而是表示禁止或威胁对方进行某一动作。如"Я тебе уеду"，意为"Я тебе решительно запрещаю уезжать."要注意的是：与я тебе连用的动词要用完成体将来时，тебе可换成俗语中的弱化形式те（如例②）或вам。

82 Я тебе покажу, как ＋ 动词不定式

① Я тебе покажу, как приятеля обманывать！（А. Арбузов）

［等我让你尝尝欺骗朋友的好处！］

② *Я вам покажу поджигать!* (Э. Казакевич)

[我一定叫您知道放火的报应!]

③ *Я*двига вернётся с допроса, *она тебе покажет, как распоряжаться чужим хлебом.*
（И. Константиновский）

[雅德维加审讯回来要是看到面包没了,她一定会给你厉害瞧的。]

[解析]这也是一个反义句式。"Я вам покажу, как поджигать."不是说"我教给您该怎么放火",而是说"我要叫您知道放火的报应。"就是说,这个句式是表示斥责对方的行为,表示要给予惩罚、报复。я 位可以是 он, она..., тебе 可代以 вам, ему, им 等, покажу 则随主语人称的变化而变化。

要注意的是, как 后面的不定式动词要用未完成体。покажу 后面可直接用不定式,如例②。

83 Я ＋ 人称代词三格 ＋ дам ＋不定式！

① *Я тебе дам шуметь!*

[我不许你吵闹!]

② *Я им дам озорничать!*

[我不许他们淘气!]

③ И тут же обратился с криком к солдатам:

— *Я вам дам по дворам бегать!* (Л. Толстой)

[他当场大声对士兵喊道:
"我不准你们到各家各户乱跑乱窜!"]

④ *Я тебе（вам）дам！*

[我要教训教训你(们)!]

[解析]这个句式用来表示禁戒意义:不许干某事,干了就要受处罚。Я тебе дам шуметь ＝ Я не позволю тебе шуметь. 句式的意思正好和字面意思相反。я дам 后面的不定式要用未完成体。句式中的代词多为第二人称(如例①、③),但也可为第三人称(如例②)。例④я тебе(вам, им...)дам 可以单独使用,不带不定式,表示威吓。

84 ты(он)＋у меня ＋ узнать(变位), как...

① *Ты у меня узнаешь, как меня обманывать.* (А. Бойко)

[我要让你知道骗我的报应。]

② *Он у меня узнает，как кур таскать.*（А. Бойко）

[我要叫他知道偷鸡的好处。]

③ *(Они) Узнают，как надо мной издеваться.*（Тургенев）

[他们嘲笑我，没他们的好。]

[解析]这个句式用来表示对别人进行警告、威吓、指出进行 как 后不定式（加补语）所表示的行为不会有好结果。

此句式也适用于第二、第三人称。у меня 指要惩罚别人的人。как 后的不定式动词要用未完成体。

85 代（名）词+单数第二人称命令式

① *Все пошли в кино，а я сиди дома.*

[大家都看电影去了，可我得呆在家里。]

② *Вы насорили，а мы тут убирай.*

[你们弄得满屋垃圾，我们还得来打扫。]

③ *Взялся учить，так он и учи.*

[他既然承担了教的任务，那他就得教。]

④ *У нас будь тишина，а вам можно шуметь.*（Шведова）

[我们必须安安静静，可你们去可以吵吵闹闹。]

⑤ *Я подай，я и убери.*

[我得端茶端饭，我得收拾房间。]

[解析]这个句式的意思是："某某不得不干某事"。不管句子的主语是第一人称还是第三人称，单数还是复数，谓语都是用单数第二人称命令式形式，正是这种形式赋予句子以"不得不"这种情态意义。试比较：

1) Все пошли в кино，а я сиди дома.

2) Все пошли в кино，а я должен（或 мне пришлось）сидеть дома.

这个句式常用于表示对别转折关系的复合句中，但也可以单独使用（如例⑤）。句式表示说话者有不满情绪，具有鲜明的口语色彩。

六 表情陈述的句式

86 名词二格！

① Прихожу на площадь. *Народу*!
　[我来到广场，一看，人山人海！]

② А я была в Средней Азии. Жарко там. *Зато фруктов*！（В. Кутузов）
　[我到过中亚。那里炎热，可水果多着哪！]

③ Уж и *грибов* в лесу!
　[林子里蘑菇多极啦！]

④ Мальчишка, первый, быть может, случайный успех — и *шуму*！（А. Аграновский）
　[一个小孩子，头一次，说不定是偶然的成功——竟然全城轰动！]

⑤ Ты погляди, какой большущий город!... А *шуму*-то на улицах, а *народу*, *народу*！（Он же）
　[你瞧这个城市有多大！街上多热闹，人山人海！]

⑥ *Слёз было*！Весь дом плакал.（Ф. Вигдорова）
　[全家都哭了，眼泪哗哗的。]

⑦ Ух, и *смеху было*！（А. Пришвин）
　[唉呀，真是笑死人！]

[解析] 这是个数量评价句式，表示某物大量呈现之意，带有强烈的感叹色彩。句子的核心成分是名词二格，其后可带语气词-то（如例⑤），其前可加加强语气词 уж, и 和接续连词 и, а 等（如例③、④、⑤）。过去时用系词 было（如例⑥、⑦），现在时不用系词。

87 Что ＋ 名词二格!

① Уж простор какой! *Что зверя! Что дичи!* （Горбатов）

  [多么辽阔的地方！有那么多野兽！有那么多鸟！]

② Смотри, *церквей что домов белых*! （Решетников）

  [看，教堂、白房子有那么多呀！]

③ *Что было этой нищей братии*! （Писемский）

  [有那么多的穷人哪！]

④ Господи, боже мой! *Что денег-то бывало*! （Сухово-Кобылин）

  [我的天！有那么多的钱哪！]

[解析] 这是个数量评价句式，一般表示说话人对某事物数量之多表示惊叹。что 多位于句首，亦可位于名词之后，如例②。句子可用 было, бывало 表示过去时。что 后用名词二格，что 意思相当于 как много, сколько。又如：Что сил потрачено!（花费了多少精力呀！）

注意：что толку 这个短语意为 нет толку（没啥益处，没啥需要），如：Обратно в родные места вернулся. Да что толку.（又返回了老家，没有一点好处。）

88 名词复数二格 ＋ раз-два и обчёлся.

① Специалистов — раз-два и обчёлся.

  [专家嘛——屈指可数！]

② *Кавалеров-то у нас один-другой — обчёлся*. Гулять-то не с кем.（А. Островский）

  [男伴寥寥无几，没有陪着玩。]

③ Как подумаешь о весне — хоть плакать впору! Кормовой севооборот введи, пастбище улучшай... а *людей — раз-два и обчёлся*.（В. Николаева）

  [一想到春天简直就得哭，你得实行饲料轮作，得改善牧场条件……可是人——却少得可怜！]

[解析] 这是典型口语性数量评价句式，基本意义是：某事物数量极少，屈指可数。句式各组成部分的次序是固定的，复数二格的名词要放在句首。раз-два 可换为 один-другой；и 可用破折号代替（如例②），读时，中间有停顿。

89 疑问代(副)词(＋名词)＋ только не ＋ 动词谓语！

① *Чего только не случалось!* Семнадцать лет — не семнадцать дней.
［什么事没碰到过呵！十七年可不是十七天！］

② *И каких только книг здесь нет!* (Л. Кулешов)
［这里什么样的书都有！］

③ *Каких только людей не увидишь* на парижских улицах! (Он же)
［在巴黎街道上你什么样的人都能见到！］

④ Скоро два года работаю, *с кем и куда только не ездила.* (Е. Кутузов)
［我工作快两年了，和许多人到过很多地方。］

[解析]这个句式表示主客体特征、状态涉及极广。"Чего только не случалось!"意为出现过各种各样的事，形形色色，数目繁多。句式中，только 不可少，这里是加强语气，没有通常的"只，仅"的含义。过去时的句子里，动词谓语只可用未完成体，将来时可用完成体(如例③)。疑问代(副)词在这里已失去疑问意义，和 только не 共同起加强语气作用。此句式一般体现为感叹句。

90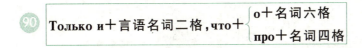

① *Сегодня только и разговору, что о погоде.* (Дорош)
［今天谈的全是关于天气的话。］

② *Только и речей* по городу, *что про лошадёнку* Такатищева. (Гоголь)
［城里人们谈论的全是塔卡吉谢夫那匹小马的事。］

③ После уроков *только было и разговору, что о новом преподавателе.*
［下课之后大家都在谈论新来的教员。］

④ Обьявление вывесили после завтрака, а уже в обед *только и было разговоров, как мы будем завтра убирать виноград.* (Р. Бершадский)
［通知早饭后张贴出来了，而在吃午饭时我们大家都在谈论明天去摘葡萄这件事。］

[解析]这个句式强调谈论的(或想的)只是某一内容。与 только и 连用的是言语名词

разговор, речь 等的第二格, 这是这种数量极限句结构本身要求的。由于涉及言谈的内容, 所以 что 后面用 о чём 或 про что 结构。例③与例④表明, 可以用 только и было(будет) чего, 也可以用 только будет и чего。例④表明, 处于 что о чём 地位的也可以是补语从句。

91 (У кого, кому) Только и дела(хлопот…), что＋不定式(短语)

① У него *только и дел, что читать книжки*.
　　[他就只知道读书。]

② Тебе *только и дела, что воровать яйца*. (В. Белов)
　　[你只知道偷人家的鸡蛋。]

③ У неё *только и хлопот, что стряпать обед*.
　　[她操心的事不过是做饭罢了。]

注意例④、⑤, 见"解析"部分。

④ (у него) *Только и всего, что грамотность, а где революционность?* (В. Кочетов)
　　[他只不过是有文化罢了,哪里有什么革命性?]

⑤ Они друзья во всём. *Только и разницы, что один — врач, другой — геолог*. (В. Ажаев)
　　[他们处处是好朋友。区别只在于一个是医生,一个是地质师。]

[解析]这个句式是说某人只知道干某事,只从事某一活动。由于涉及的是动作,故 что 后面加动词不定式或不定式短语。与 только и 连用的名词用第二格, 多用 дела(дел), хлопот, забот。例①中的 делов 是 дел(о)的俗语形式, 带有方言土语色彩。例④ только и всего, что＋名词一格, 表示"只有……而已"。例⑤表明 только и 后也可能是其他名词。

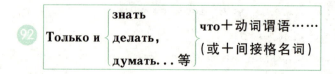

① Они *только и делали, что дрались*.
　　[他们就是打架而已。]

② Она *только и делала*, *что грустила и плакала*.
　［她总是忧愁和哭泣。］

③ Ты *только и знаешь*, *что зубришь*.
　［你只知道死背。］

④ С девяти утра до шести вечера *только и знаешь*, *что торчишь здесь*. (Куприн)
　［你从早九点到晚六点就知道在这里傻站着。］

⑤ Батюшка его... день-деньской *только и знает*, *что ходит* из угла в угол, заложив руки назад.
　［他的父亲整天背着手在房间里踱来踱去。］

⑥ Она *только и думала*, *что о Егорше*. (В. Панова)
　［她心中想的就只是叶戈尔沙。］

［解析］这种句子强调地表示某某人只是做某事，总是重复某一行为。только и знать 起语气词作用，述谓的中心在于 что 后面的动词，знать（делать）与后面的动词一起变位。注意：在本句式中，что 后可接间接格名词，如例⑥中基干部分是 только и *думала*，что 后为 о ком — о Егорше。

93 主语＋А и А（同一动词重复）

① Он измором берёт: *говорит и говорит* без конца. (А. Толстой)
　［他采取了纠缠手段：老是说，说个不休。］

② *Пули летели и летели*. (Гаршин)
　［子弹一个劲嗖嗖飞。］

③ А барка, между тем, *плыла и плыла*. (Решетников)
　［那平底货船仍然往前行驶。］

④ Мы должны только *работать и работать*, а счастье — это удел наших потомков. (Чехов)
　［我们只有不断地工作，享福那是我们后代的事。］

［解析］在俄语中，同一动词谓语的重复是一种修辞表意手段，用来表示动作长时间持续进行。А и А 亦可说 А да А，如例③。注意：动词要用未完成体，通常出现二次。

94 (主语)А и А(А, А и А)

① *Ты неправа и неправа*, мой друг. (Л. Толстой)
  [你错了,你错了,我的朋友。]

② Нет у меня для вас места! *Нет и нет*! Оставьте меня в покое! (Чехов)
  [我这儿没有您的位置!没有就是没有!别再缠我!]

③ Главным основанием его системы была строгость. «*Строгость, строгость и строгость*», говаривал он обыкновенно. (Гоголь)
  [他的思想体系基石是严谨。"严谨,严谨再严谨",他经常这么说。]

④ Тысячу раз говорил я уж всем, что у меня писец есть! *Есть, есть и есть*!
  [我跟大家已经说了上千遍:我身边有司书! 有,有,有!]

⑤ Ах, да всё это *скучно и скучно*! (Чехов)
  [唉呀,这一切太枯燥了!]

⑥ Из-за чего только люди кровь себе портят, *не понимаю и не понимаю*. (Мамин-Сибиряк)
  [人们到底为什么生气,真不明白。]

[解析] 这是一种加强语气的表达格式。句中可有主语,如例①,也可没有,如例②、④。句子主语可省略,如例⑥。本来用一个词就行,但此词再重复或出现三次,便起到加强语气的作用。例⑤的 не понимаю и не понимаю,形式上和 119 相同,但动词 понимать 系属于用感觉器官表示感觉、感知的动词,只是确定动作发生这一事实,不表示动作的持续性,因此,它重复使用只起强调确定动作发生的事实。

А 位可以是各种词类,如例①为形容词、例③为名词、例⑥为动词。А 一般出现二次,亦可出现三次。

95 Что А, то А. (!)

1) АА 为名词

① *Что правда, то правда*. (Н. Грибачев)
  [确实是这样。]

② *Что факт, то факт*, кривить душой не стану. (Е. Склезнев)

[事实就是事实，我不会说昧心话。]

2) AA 为短尾形容词或副词

③ *Что верно, то верно*!

[完全正确！]

④ *Что хорошо, то хорошо*. (Ц. Солодарь)

[真好！（好就是好！）]

3) AA 为语气词 да 或 нет

⑤ *Что да, то да*.

[完全如此。]

⑥ — Поцеловал?

— Нет. *Что нет, то нет*. (А. Первенцев)

"吻过她吗？"

"没有，真的没有。"

⑦ А ванны, мил-человек, нет. *Чего нет, того нет*.

[澡盆没有，亲爱的。没有就是没有。]

4) AA 为代词：

⑧ *Что моё, то моё*. (Л. Ленч)

[我的就是我的。]

⑨ *Что твоя, то твоя*.

[你的就是你的。]

5) AA 为动词：

⑩ Он вовсе не считал нужным скрывать своё мнение. *Что есть, то есть*. (Е. Кутузов)

[他根本不想隐瞒自己的意见，有就是有嘛。]

⑪ — Могу, могу. *Что могу, то могу*. (К. Финин)

[我能，我能。我说能一定能。]

⑫ За вас замуж? Вот *чего не могу, того не могу*. (В. Шкваркин)

[嫁给你？这可万万办不到。]

⑬ Что не умею, то не умею. (А. Первенцев)
　　[我确实不会。]

[解析] 这是一个加强语气的表达形式，例如 что верно, то верно 意为 совершенно верно。例⑦和例⑫用 чего-того，是受 нет 和 не могу 影响。例⑦ чего нет, того нет，指的是事物 (ванны) 受 нет 影响用第二格；而例⑥ что нет, то нет，指的是动作 (поцеловал?)，что-то 并无名物意义，只起形式上的连接作用，不变为第二格。例⑬的 что не умею, то не умею 也是如此。

96. Что ни ＋名词一格, то ＋名词一格

① В этой группе что ни студент — то отличник.
　　[这个班里每个学生都是优秀生。]
② В этом цехе что ни рабочий, то коммунист.
　　[这个车间里每个工人都是共产党员。]
③ У него что ни слово, то факт. (Прилежаева)
　　[他的每一句话都是事实。]
④ Что ни день, то праздщк.
　　[每天都是节日。]
⑤ Что ни день, то новости.
　　[每天都有新闻。]
⑥ Что ни год, то новые заводы и фабрики в нашем районе.
　　[我们这个区年年有新的工厂出现。]
⑦ Что ни деревня — бой, что ни мостик — бой. (А. Тихий)
　　[每个村庄，每座桥梁——到处都有战斗。]
⑧ Что город, то норов; что деревня, то обычай. (пословица)
　　[市市有风尚，村村有习俗。]

[解析] 这个句式的意思是："每个……都是……"（例①—④），Что ни А, то Б 等于 Каждый(-ая,-ое) А есть Б. 如果 что ни 后的名词有时间或空间疏状意义，则句子的意思是"每一……都有"（例⑤—例⑧）。有时这个句式中可以省去 ни（例⑧）

97 不定式 A ＋ так ＋ 不定式 A (重复词)！

① И была у меня мысль. *Уж говорить так говорить.* (Е. Кутузов)

［我有个想法。要说就说(个透)。］

② Завтрак на следующий день был устроен на час раньше: *работать так работать!* (Вершацкий)

［第二天早餐提前了一小时：工作嘛就要像样地工作！］

③ Вероятно, это у них ещё от пращуров, от Разина, от Пугачёва. *Пахать — так пахать, воевать — так воевать, гулять — так гулять.* (А. Калинин)

［他们的脾气大概是从祖辈、从拉辛、从普加乔夫传下来的。要种地就好好种地，要打仗就好好打仗。要玩就好好玩。］

④ *Казнить так казнить, миловать так миловать.* (Пушкин)

［要杀就杀，要赦就赦好了。］

[解析]这种句式的结构特征是：так 后的不定式重复其前的不定式，表示：要干什么(A)就正儿八经地干什么(A)，就像样地去干。

98 名词 A 一格 ＋ так ＋ 名词 A 一格！

① *Свадьба так свадьба*, я не допущу нищенства. (А. Островский)

［婚礼就要像个婚礼，我不答应穷里穷气的。］

② Вот и погода, не то, что раньше. *Если зима так зима*, а теперь что? Недоразумение! (Е. Кутузов)

［现在连天气跟以前也不一样了。以前冬天真像冬天，而现在算什么冬天？真是莫名其妙！］

③ — Хорошо, когда темно?

— Да, я люблю. *Ночь так ночь*! Настоящая ночь должна быть тёмная. (И. Назаров)

"天漆黑的，好吗？"

"好，我才喜欢这样。夜就是夜！真正的夜就要漆黑才是。"

[解析]这是一种主观情态句式。结构特征是同一名词(第一格)借助连接词 так 重复构

成。只有现在时形式。一般为感叹句。意思是说:"如果是 A,就要有 A 的特点,充分体现 A 的特征。"此句式源自 Если A, так A(见例②)。

99 名词 A 一格 ＋ есть ＋ 名词 A 一格

① Холодно, это естественно, *север есть север*.（Г. Брянцев）
  [冷,这是自然的,北方毕竟是北方呀!]

② Что делать — *война есть война*.（Е. Габрилович）
  [有什么办法——战争终归是战争呵。]

③ И ничего тут удивительного. *Азия есть Азия. Восток есть Восток*.（Г. Брянцев）
  [这有什么奇怪的。亚洲毕竟是亚洲,东方毕竟是东方。]

④ *Памир — это Памир*, и этим сказано всё.（Е. Кутузов）
  [帕米尔终究是帕米尔,这就足以说明一切了。]

⑤ *Люди всегда люди*. Они не только добывают уголь, есть у каждого своя личная жизнь.（С. Пестунов）
  [人终归是人。他们不光是采煤,他们每个人都有自己的私生活。]

[解析]这是一个同语反复的句式,同一名词(或词组)之间用系词 есть 连接起来,有时用 это(如例④)或 всегда(如例⑤)。句中谓语 A 强调主语 A 的基本的直接的意义。整个句式并不是"A 是 A"的意思,而是带有新的结论性评价含义:"A 毕竟是 A","A 终究是 A"。

100 名(A)单一格 ＋ 名(A)单三格 ＋ рознь.

① *Человек человеку рознь*.
  [人和人不一样。]

② *Профессор профессору рознь*.
  [教授与教授不一样。]

③ — А вы вот родных и знать-то не хотите...
  — *Родня родне рознь*.（А. Островский）
  "您连亲戚都不想认了……"
  "亲戚跟亲戚不一样。"

④ Но *труд труду рознь*, и к профессору я испытываю больше уважения, чем к нашей

домработнице.（Розов）

［劳动跟劳动不同,我对教授比对我家的女佣更尊敬。］

[解析]这是一个表述事物不等的句式。

要注意:第一格名词(名1)与第三格名词应是同词重复,而且都要用单数(表概括意义)。рознь 为谓语。句子三个要素位置固定。

Кто-кто, а...
Что-что, а...
Где-где 等, а...

① *Кто-кто, а ты* должен понимать, что это неправильно.（Марков）

　　［别人不说,你应该明白这是不对的。］

② *Уж от кого-кого, а от него* пощады не жди.（В. Кетлинская）

　　［别人不说,从他这儿你是别想得到宽恕的。］

③ *Уж что-что, а мои три года и три месяца* никуда не отнимешь.（Она же）

　　［别的不说,我这三年零三个月你可抹不掉。］

④ Пожалуйста. *Что-что, а это* в моей власти.（Ковалевский）

　　［请吧,别的不敢说,这事可归我管。］

⑤ *Чего-чего, а таких оплошностей* наши разведчики не допускали.（Л. Лукин）

　　［别的不敢说,这种过失我们的侦察员可不会犯。］

⑥ *Кто-кто, а я уж* знаю его ораторские способности.（Брянцев）

　　［别人不管,我可是了解他的口才。］

⑦ И потом *кому-кому, а тебе* стыдно нарушать дисциплину.（В. Рудов）

　　［别人如何不管,你可不该违反纪律。］

⑧ *Чего-чего, а на такое* он не скупится.（В. Рудов）

　　［别的不说,干这种事他可舍得花钱。］

⑨ Ты брось, *что-что, а куском хлеба* он бы тебя не попрекнул.（В. Рудов）

　　［你得啦,他怎么也不会责备你吃他块面包的。］

[解析]кто-кто, а... 用以突出同类人物的某个人；что-что, а... 用以强调某个事物、现

象、事件等的不一般。注意：кто-кто，что-что 可以用于间接格，这要看后面相关的成分用于什么格而定。如例②，ты 是主语一格，故用 кто-кто，而例①，相关成分系 от него，故用 от кого-кого。что-что 灵活些，相关成分是间接格时也可不变格(如例⑨)，甚至可用 чего-чего 如(如例⑧)。

处于 кто-кто 位置的可以是疏状成分，即 где-где，а...，куда-куда，а... 或 когда-когда，а... 等。这时强调的是处所、方向或时间等。如：

① *Куда-куда*，а к тебе обязательно приду.
〔别的地方可以不去，但你家我一定去。〕

② *Когда-когда*，а в день приезда такой разговор неуместен.
〔别的时候谈这事无所谓，可是在到来的一天不合适。〕

③ *Где-где*，а здесь нельзя！
〔别的地方不管，这里可不行！〕

102 名词 A 一格＋не＋名词 A 一格

① На нём надето что-то круглое，*сюртук не сюртук*，*пальто не пальто*，*фрак не фрак*，а что-то среднее. (Салыков-Щедрин)
〔他身上穿着一件圆乎乎的东西，常礼服不像常礼服，大衣不像大衣，燕尾服不像燕尾服，而是某种间于其中的玩意儿。〕

② В это время пришли с вахты сказать，что виден *пароход не пароход*，а бог знает что. (Гончаров)
〔这时值班室来人报告说，看见了一个轮船不像轮船，叫不出名称的东西。〕

③ *Завод не завод*，но хозяйство всё-таки сложное.
〔工厂不像工厂，但终究是个复杂的家业。〕

④ Не могли узнать，что это за люди... *Купцы — не купцы*，*немцы — не немцы*... (Л. Толстой)
〔我人搞不清这是些什么人，商人不像商人，德国人又不是德国人……〕

⑤ *Воз не воз*，*дерево не дерево*，что-то там шевелится.
〔车不像车，树又不像树，反正有一个东西在那动弹。〕

〔解析〕这种句子用来表示事物的不确定性，表示特征的不充分。结构的特点在于："A

не А"结构中第二个 А 是第一个 А 的重复,且都用第一格形式。

103 名词一格(,)и тот(та, то, те)＋谓语

① *Животные и те* живут по-новому.（Е. Кузнецов）
   [连牲口也过上新生活了。]

② Жили промеж себя дружно: *сена клок, и тот пополам*.（А. Толстой）
   [他们过得很和睦:就是一把干草也要分两半。]

③ Даже *Ханов — и тот* удивился.（К. Паустовский）
   [连汉诺夫都吃惊了。]

④ Куда хуже! *Собаке и той лучше*!（Г. Марков）
   [真是坏极了! 就是狗也比这过得好些!]

[解析]这是一种表示强调意义的句子格式,и тот(та, то те)近乎 даже,而当句中再有 даже(如例③)时,二者相得益彰,强调的意思就更强了。名词与 и тот(та...)之间一般有停顿,用破折号或逗号隔开,但也有不隔开的(如例①)。и тот(та...)重读。

要注意的是:и тот(та...)的性、数、格要随前面的名词而定,如例④:собаке лучше,故用 и той(第三格)。

104 (句子)S, и то...

① Я человек, который в чинах, *и то* живу просто.（Чехов）
   [我是个有官位的人,可就是这样也生活得很俭朴。]

② Даже пообедать, *и то* не всегда успеешь.（В. Некрасов）
   [甚至连吃饭也往往来不及。]

③ Он редко обращался к ней, *и то* с коротенькими вопросами.（Тургенев）
   [他很少找她谈,即便谈也是一两句简短的问话罢了。]

④ Вы хоть слушайте, я *и то* благодарен.（Л. Толстой）
   [您哪怕能听一听,那我也就感激不尽了。]

⑤ Видели три года назад, *и то* вскользь.（Писарев）
   [三年前见过一面,那也是顺便见的。]

[解析]и то 在这里表示"即便是……也","就是这样也……"。句中先提出一个情况(S

代表一个句子),и то 引出的部分作进一步的说明或补充,то 指前面句子所述。

105 То-то и беда(горе,печаль...),что...

① *То-то и беда*,что никого нет. Есть мать, да она ещё глупее меня.(А. Островский)
　[可糟糕的是没有人。母亲倒是在,但是她比我还愚蠢。]

② Ох, нервы, нервы! *Вот то-то и горе наше*,что у вас нервы очень слабы.(А. Островский)
　[唉呀,神经啊神经!你的神经脆弱,这正是我们的痛苦所在。]

③ — Горбунов. Фамилия?
　— Соловцов. *То-то и печаль*,что не спросил.(А. Крон)
"戈尔布诺夫,姓什么?"
"索罗夫卓夫,糟糕的是我没有问他姓甚名谁。"

④ *Софья. То-то и беда*,что все эти достоинства только в вашем воображении.(А. Островский)
　[索菲娅,遗憾的是这些优点只不过是你想像中的。]

[解析]这是表达懊丧,遗憾的情感句式,то-то и 之后加的名词都是 беда (несчастье, печаль, горе),что 引出的从句解释前面 беда, горе 等词的具体内涵。то-то 起主句主语作用,用在对话中,是对前面所说的话的一种否定。

106 То ли дело ＋ А

① *То ли дело*,братцы,дома.(Пушкин)
　[哥儿们,在家里可比这儿强。]

② Нынче коньяк какой-то выдумался,только я его не употребляю:горелым пахнет... *то ли дело ром*.(С. -Щедрин)
　[现在人们又想什么白兰地酒,不过我不喝,因为那酒有股糊巴味,……罗姆酒可不一样。]

③ Не люблю ездить на поезде. *То ли дело на самолёте*. Быстро и удобно.
　[我不喜欢坐火车。坐飞机可好得多,又快又舒适。]

④ Мне здесь не нравится. *То ли дело у нас в деревне*:простор и тишина.(Лобанова)

[我不喜欢这地方。我们农村那里可比这儿好:宽敞、宁静。]

⑤ Глупо распорядился Иван Ильич, *то ли дело мы с вами*. (Л. Толстой)

[伊万·伊里奇这个办法太蠢了,咱们可不会这样。]

[解析] то ли дело 是个固定组合。处于 A 位的多为名词,一格(如例②)或间接格(如例③、④)。处于 A 位的也可是其他词类。如例① 的 дома 是副词。"то ли дело ＋ A"这个句式的意思是"A 可不一样,A 可比那强",用于对比场合,通常用于复合句中或连贯言语中。

107 Не то что(чтобы) A, а(но)

① — Не смеешь?

— *Не то что не смею*, а права не имею. (С.-Щедрин)

"不敢吗?"

"倒不是不敢,而是没有权利。"

② — Что ж, богато жили?

— *Не то что богато*, а жили справно. (Л. Толстой)

"怎么,日子过得很富裕吧?"

"谈不上富裕,反正过得不错。"

③ Он *не то что отказывается*, но не сказал ни разу прямо: "Пойду". (А. Фёдоров)

[他倒不是拒绝,但没有一回直截了当地说:"我去。"]

④ Папа и мама *не то чтобы отказывали*, но всё время говорили: Потерпи! (А. Тасс)

[爸爸和妈妈倒不是想拒绝,只是老是说:"等一等吧!"]

⑤ Я головой покачал. *И не то чтобы с сожалением*, а просто от неожиданности. (А. Фёдоров)

[我摇了摇头。倒不是要表示遗憾,而只不过是感到意外。]

⑥ Витя — малыш упитанный, грузный, и *не то чтобы ленивый*, а какой-то флегматичный. (Ю. Сотник)

[维加这孩子长得肥肥胖胖,个头很大,他倒不是懒惰,而是属于漫不经心的性格。]

[解析]这种句式用来构成修正对方的某一用词,(如例①、②),或者做确切说明(如例③、④、⑤),一般用于对比场合:"倒不是……,而(但)是……。"

не то что 可换 не то чтобы(如例④、⑤)。

не то что(чтобы)可否定动词谓语(如例①,④)、静词谓语(如例⑥),也可否定其他成分(如例②,⑤—状语)。

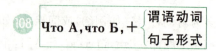

① *Что твоё*, *что моё*, *всё* принадлежит революции.

   [什么你的我的,全都属于革命。]

② *Что людские слова*, *что ветер над могилой* ровно для него улетели мимо. (А. Толстой)

   [无论是人声或是坟场的风,全都从他身边白白掠过。]

③ *Что отец*, *что сын*, — не люди были, а звери. (Г. Марков)

   [不管父亲还是儿子,都不是人,而是野兽。]

④ *Что смоленская*, *что быковская*, земля-то наша, русская. (М. Папава)

   [什么斯莫林斯克的,贝柯夫斯克的,都是我们俄罗斯的土地嘛。]

⑤ Для Ленинграда, наверное, *что Соловец*, *что Мурманск* — одно и то же — север. (А. В. Стругацкий)

   [对于列宁格勒来说,大概不论索洛维茨或穆尔曼斯克全都一样,都是北方。]

⑥ Нашему брату *что в деревне*, *что на заводах* — всё одно петля. (Г. Марков)

   [我们哥儿们,不管是在农村里还是在工厂,都是脖子上一根绞索。]

⑦ Основы же партийной работы, *что в армии*, *что в гражданских организациях*, — везде одинаковы. (А. Полянцев)

   [党的工作原则,不管是在军队或是在民政机关,到处都一样。]

⑧ И не только садовник — у нас все за дело душой болеют, *что подавальщина*, *что уборщица*. (П. Солодарь)

   [不光是园艺师——我们这里所有的人,不管是食堂女招待员或清洁女工,都十分关心这个工作。]

[解析]这个句式的意思是:"不管 A 还是 Б 都(是)……","A 也好,Б 也好,全都……"。что A,что Б 之后有一个起概括归纳作用的句子(如例①,④)或谓语结构(如例②,③)。由于其后部分起概括归纳作用,所以常有 все,всё,одно и то же,везде,одинаковы 等词语。что A,что Б 部分有时也放在末尾(如例⑧)。注意:что A,что Б 中的 что 要叠用,起并列连词连

接同等成分的作用。

 **Не то что A, (a)**

① — Ведь он хороший?

— *Не то что хороший*, — *редкостный*. (А. Софронов)

"他不错吧？"

"岂止不错，是少有的。"

② *Не с того начал. Ты бы ей о любви, а потом она уже за тобой не то что в музеи, а на край света пошла*. (Он же)

[你没开好头，你应该跟她谈爱情，那样她不止是跟你去博物馆，就是天涯海角她也跟你去。]

③ *Пишу вам карандашом для удобства и скорости. Мало у меня минут, не то что часов*. (А. Колонтай)

[为了方便和快捷，我用铅笔给您写信，我连几分钟的时间都难得，更不用说几小时了。]

④ — Не странно ли тебе?

— *Не то что странно* — *страшно*. (В. Померанцев)

"你不感到奇怪么？"

"岂止是奇怪，我感到可怕。"

⑤ *Сейчас не то что плуг* — *каждая мотыга на счету*. (Ф. Вигдорова)

[现在岂止是犁，每把木铲子都是十分宝贵的。]

⑥ *Уходи остюда, уходи! Не то что говорить с тобой* — *видеть тебя не хочу*. (А. Корнейчук)

[走开，走开！不用说跟你谈话，见都不想见你。]

⑦ *И мужья с жёнами расходятся, не то что друзья*. (А. Островский)

[两口子都会分开，更不用说朋友了。]

[解析] 这个句式表示递序加强意义："岂止是……"，"别说……，（而是）……"，说话人认为对方某一说法对路，并进一步引伸发挥。не то что...,(а)... 连接同等成分，因此，如果 A 是谓语，那么(а)后面的也应是谓语(如例①)。не то что A 有时也放在句末(如例③)。可译为"更不用说……了"。не то что ＋A 可在句子前半部分，或句子后半部分(见例⑦)。

110 А не то что Б

① *Зимой не то что летом.* Вокзалы маленьких станций пустые и чистые.（В. Белов）
　　［冬天可不同于夏天。小车站的候车室空旷而整洁。］

② *Ночи-то были не то что теперешние.*（В. Белов）
　　［那时的夜跟现在的不一样。］

③ Леса у нас вокруг дремучие. *Не то что здесь.*（П. Попова）
　　［我们那里密林环抱，可跟这里不一样。］

④ — Красивый-то, правда?
　　— Да. И простора много, *не то что в центре.*（Е. Кутузов）
　　"房子很漂亮，是吧?"
　　"是的。空地也很多，可跟市中心不一样。"

⑤ Пекин сегодня *не то что* Пекин вчера.
　　［今天的北京可不同于昨天的北京。］

⑥ Да у меня дела-то *не то что* у вас по улицам собак гонять.
　　［我们这儿可不像你们那儿在大街上遛狗。］

［解析］这里的 не то что 的意思是"跟……不一样"，"不同于……"，"不是一回事"，常用于两种事物、两种境况的比较。не то что 连接的一般常是同类成分，如例①，зимой 与 летом 都是副词，都表示时间概念。有时 A 位不出现，如例③和例④，只有《не то что Б》。не то что 之间有时可出现逗号，如例⑥。

111 На то＋主语＋и＋名词一格谓语（＋чтобы＋不定式）

① Он все может делать, *на то он и мастер.*（Б. Ромашов）
　　［他什么都能做，他是个行家嘛。］

② Сделайте что хотите, *на то вы и власть.*（А. Фёдоров）
　　［随你们便吧，你们有权嘛。］

③ — Как холодно. Тридцать градусов мороза.
　　— *На то зима.*

"真冷。零下三十度。"

"因为是冬天嘛。"

④ *На то я и лиса, чтобы* зайца перехитрить. (С. Михалков)

［谁叫我是狐狸,狐狸就是要斗过兔子。］

⑤ *На то они и капиталисты, чтобы* не думать о народе. (А. Фёдоров)

［他们是资本家,他们是不会关心人民的。］

⑥ Сейчас, сейчас, маменька! *Вас наш бог создал, чтобы* жаловаться. (А. Островский)

［我马上就去,马上就去,妈妈！上帝造了你们当妈妈的就是叫你们唠唠叨叨。］

[解析]На то и 这种结构用来表示某种因果关系,强调指出"因为(正是)有某种特征,所以……"на то и 可放于句子后半部,(如例①,②),也可放在句首。

"на то＋主语＋и＋名词一格"结构后可接"чтобы＋不定式"(如例④,⑤,⑥)。带有目的或用途意义。如:

На то и голова, чтобы думать. (А. Гайдар)［脑袋就是用来思考的。］

На то и 后通常有名词一格表示的谓语,但也有接"чтобы＋动词谓语"结构的情形(如例⑥)。

112 **Мало того что S, S**

① *Мало того что* он упал, он ещё весь испачкался.

［他跌了一跤不算,还把衣服都弄脏了。］

② *Мало того что* она пришла, она привела с собой двух своих подруг. (Рогожникова)

［她不只自己来了,还带来两个女友。］

③ *Мало того что* сорняки вредят сами, они ещё служат приютом для насекомых-вредителей. (газ.)

［杂草不光本身有害,还是害虫的栖身之地。］

④ *Мало того, что* ни копейки не платят, но ещё душу выворачивают вверх дном! (Чехов)

［他们不止一文钱不给,而且还折磨人的心灵。］

[解析]这是一种表达递进关系的复合句式,意义近似于"не только..., но и..."мало того что 为连接词,往往附带有"不光……,还……""……不算,还……"的不赞意味。

113 Плохо ли, хорошо ли, а...

① *Худо ли, хорошо ли*, но он считает тебя за своего, а это главное. (Г. Брянцев)
[不管怎样,反正他把你当成自己人,而这一点是主要的。]

② *Плохо ли, хорошо ли*, а всё лисицу в дом принесёт. (Алексеев)
[不管怎样,反正他老是往家里引狐狸。]

③ Уверяю тебя, как никак, *плохо или хорошо*, успели-то академию кончить. (Арк. Первенцев)
[我跟你说吧,不管怎么样,反正好歹是念完了学院。]

④ *Да уж хорошо ли нехорошо*, а надо будет. (К. Симонов)
[不管怎样,反正需要这样。]

[**解析**]这种结构表示转折意义,相当于汉语的"不管怎样,反正……"。худо или хорошо 已相对成语化,能变动的词有限:худо ли, хорошо ли; плохо ли, хорошо ли; 或 хорошо ли, плохо ли。可以是...ли,...ли,也可以是...или...;例④只用一个 ли,其后通常有 а, но,也可以没有(如例③)。

114 代(名)词一格(主语)+动词变位形式
A+не+动词变位形式 A

① *Жница жнёт не жнёт*, глядит в сторону, забывается. (Кольцов)
[收割人割又不割,望着一旁,看得出神。]

② Хмурое нынче утро, туман. И дождь этот — *идёт не идёт*, *моросит не моросит*, а так себе, матрусит и матрусит. (С. Пестуков)
[今天早晨阴沉沉的,有雾。这雨——下又非下,也不像毛毛细雨,只是老淅淅沥沥的。]

③ Держался в тени. На собрании забьётся в дальний уголок, насупится, *спит не спит*, и *слушает не слушает*.
[他喜欢呆在不显眼的地方。开会时往往躲在远远的角落里,双眉紧锁,似睡非睡,似听非听。]

④ *Он верил не верил* этому.

［他对此似信非信。］

［解析］用这种谓语形式构成的句子，表示说话人认为动作或状态形状不明确，特征体现的不充分，"是 A，又不完全是 A"。

⑮ 代词 (кому, у кого) + есть (было, будет) + 动词不定式 + 补语或处所状语

① Здесь(у нас) *есть* (*было*, *будет*) *что читать*.
   ［这里(我们)有书可读。］
② Тебе *есть у кого поучиться*. (А. Островский)
   ［你有人可学。］
③ У нас *есть о чём поговорить*. (З. Богуславская)
   ［我们有话可说。］
④ Сын с девкой гуляет, а маманя комнаткой обеспечивает, чтобы *было где встречаться*. (И. Велембовская)
   ［儿子泡妞，而妈妈竟然提供房间供他们相会。］

［解析］这是源于口语，而又得到书面语认可的"中性"熟语化句式。句式的意思是表示"某某或何处拥有进行某行为的条件。"是一种扩展的无人称句式(苏联科学院 1954 年版《Грамматика русского языка》)，现在时用есть，过去时用было，将来时为будет。есть后的不定式总要带补语或状语(见例③,④)，есть前通常为у кого, кому, 但也可以是时空状语。

⑯ Что(кто)..., так это...

① Умница. *Что* мне в ней нравится, *так это* её остроумие... (Б. Ромашов)
   ［她很聪明。我喜欢的就是她的机智……］
② *За что* я люблю своих сотрудников, *так это за* смелый полёт мыслей. Они у меня новаторы. (Л. Розанов)
   ［我喜欢我的部下，喜欢他们思想解放。他们都是革新家。］
③ А моя Виринея *чего* больше всего любила в молодые годы, *так это* глядеть петушиные драки. (В. Белов)

［我们的维丽尼娅年青时最喜欢的事情就是看公鸡打架。］

④ *Уж если кому* обидно, *так это мне*. (А. Софронов)

［如果说有谁受了委屈的话，那就是我。］

⑤ *Если кому-нибудь* и надо было уйти, *так это* только мне. (В. Дыховичный)

［如果有谁应该走开，那这个人就是我了。］

［解析］这是一个加强语气、突出某一事物的句式。так это 前的部分是一个完整的句子形式，这部分中有疑问代词 что 或 кто，它们根据谓语的要求而处于相应的格，如例①——谓语是 нравится，代词 что 是主语，用第一格，例④——谓语 обидно 要求主体 кому，так это 后面接的词语的格分别与前一部分中代词的格相适应：остроумие（第一格），мне（第三格）。例③——谓语是 любила，чего 是俗语，用来代替 что，作直接补语，故 так это 后可加不定式：любила глядеть петушиные драки.

这种句式中可有 если，уж если...（如例④，⑤）

117　Нет чтобы＋不定式

① *Спесива* стала Прасковья Игнатьевна. *Нет, чтобы посидеть* с нами. (Решетников)

［普拉斯科维娅·伊格纳捷耶芙娜变得傲慢起来了。她本该出来同我们坐一会儿嘛。］

② А она, *нет чтобы помолчать*, а взяла да и рассказала обо всём. (Шведова)

［她本该不吭声，谁知她却全都讲了出来。］

③ *Нет того, чтобы подождать* немного. А она бегом назад. (Н. А. Лобанова)

［她应该稍等一会儿，可她没等就跑回去了。］

④ *Чтобы нам подождать* полчасика. Он наверняка вернулся бы. А мы сразу ушли. (Она же)

［我们应该等上片刻才是，那时他准保能回来，可我们却马上走掉了。］

［解析］这个句式表示对已经发生行为的反思，表达一种不满、懊悔的意思。表示"本该……"，故用 чтобы。нет чтобы 完整的形式是 нет того, чтобы（这是个连接词），见例③

118　名词一格（提位），（一）第三人称代词（复指）……

① *Жизнь — она* вообще нелёгкая. (О. Сиротинина)

[生活呀,说起来可真不容易。]

② *Словарная работа* — *она* очень трудная. (О. Крылова)

[词汇工作嘛,那是很难的。]

③ *Принципиальность*, *она* тоже границы имеет. («Литературная газета»)

[原则性嘛,它也是有限度的。]

④ *Чай* — *он* горячий.

[茶嘛,是热的。]

⑤ *Мария Ивановна*, *у неё* всегда порядок в доме. (О. Крылова)

[玛丽娅·伊万诺芙那嘛,她家里总是收拾得井井有条。]

⑥ *А ваши родители*, сколько *им* лет? (Н. Лобанова)

[您的父母,他们都多大年纪啦?]

[解析]汉语中有提位复指结构,如"永泉,于团长,他们什么时候回来?"(冯德英)"狠心的恶霸冯兰池,他要砸古钟了。"(梁斌)俄语中也有类似结构。提位复指结构的特点是:首先说出某事物或某现象的名称,此名称在句法上与句子没有联系。该事物或现象在说话人意识中引起表象,说话人对它进行某种判断或提问,此时,该事物或现象常用代词复指。

俄语中提位成分用第一格(语法上称之为"主题一格"或"表象一格"),复指成分通常也用一格,但也可以是间接格(如例⑤、⑥)。复指成分除用第三人称代词外,还可用 вот что(见例⑤), вот кто, вот где 等。

提位成分用上升语调读出,其后的句子重又以上升语调开始,升高,最后下降。书面语中提位成分后的标点符号一般用逗号或破折号。

119 名词一格(动词不定式……)— вот что...

① *Прибыль* — *вот что* лежало в основе этой системы. (журн.)

[利润——这就是这一体系的基本点。]

② *Не слова вообще, а точные знания* — *вот что* необходимо в нашей работе. (газ.)

[我们工作中所需要的不是泛泛言论,而是准确的知识。]

③ *Голубчик мой! Свежесть, свежесть и свежесть* — *вот что* должно быть девизом каждого буфетчика. (Булгаков)

[亲爱的!新鲜、新鲜、新鲜——这应该是每个小吃部的座右铭。]

④ *Он не придёт* — *вот что* я знаю.

[我所知道的就是他不来了。]

⑤ *Улыбкой встречать, улыбкой провожать — вот чего* не хватает многим работникам обслуживания(газ.)
[笑脸迎送——我们很多服务部门工作所缺的正是这个。]

[解析]这种结构近年来广泛使用,由口语进入报刊语言。也是一种提位复指结构。外位成分通常为名词一格(或词组)。也可能是动词不定式(或词组)如例⑤,甚至是句子形式例④。вот что根据句子主干部分的语法需要可能是第一格(主语,如例①,②,③),也可能是其他间接格,如例④——四格,例⑤——二格(因为句中 не хватает 要求)。

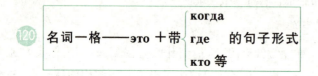

① *Репутация — это когда* тебе доверяют.
[名誉——这就是人们信任你。]

② *Обеденный стол — это где* едят, а письменный — *где* занимаются.
[饭桌就是吃饭的地方,写字台呢——则是人们学习、写作的地方。]

③ *Пенсионер — это кто уже* не работает.
[退休者就是已经不工作的人。]

④ *Моя бабушка говорила, студент — это кто* учится день и ночь.
[我的奶奶说,大学生就是那日夜学习的人。]

⑤ *Толковый словарь — это где* значения слов объясняются.
[详解辞典——就是解释词义的书。]

[解析]这种句式的特点是:它是由主从复句简缩而成,主句原来的从句便起了句子成分——表语的作用。这种句式是典型口语现象。如例③一句,其严谨的书面语语法应是 Пенсионер — это тот (тот человек), кто уже не работает。

这种句式也出现于书卷语体中,如科学(科普)、政论、文艺语体中,如学术讲演中:Согласование—это (такая связь,) когда зависимое слово уподобляется опорному в роде, числе.[一致是指从属词在性、数上与主导词的一致。]

это 是不可缺少的部分,起联系主、谓成分的作用。

121. 名词(词组)一格——чтобы 引出的从句形式

① *Единственная забота* — чтобы он не заболел.
　　〔唯一挂念的事就是怕他病了。〕
② *Наша задача* — чтобы выполнили план в срок.
　　〔我们的任务是按时完成计划。〕
③ *Основная трудность* — чтобы все шли строго след в след.
　　〔基本难处在于要求大家严格地脚跟脚地行进。〕
④ *Главное* — чтобы они поняли нас.
　　〔主要的是要他们理解我们。〕

〔解析〕这个句式也是复合句简缩化的结果。如例 ② 是由 наша задача состоит (заключается) в том, чтобы... 演变而成。原主句的谓语部分被省略，由原从句起谓语作用。чтобы 引出部分表示希望、要求、担心的所在。这个句式只能用于现在时，不能说 Наша задача была (будет) чтобы... 在这种句式中做主语的名词一般有限，多是 задача, забота, трудность, цель 等词，也可是个别的名词化形容词。

122. S＋это(各格)，как／что 引出的从句

① *Ты это помнишь*, как отец нам говорил о клюкве.（П. Пришвин）
　　〔你记得父亲是怎样跟我们谈到酸果的。〕
② *Я тебе уже говорил это*, что Лена замуж вышла.
　　〔我已经对你说过，莲娜出嫁了。〕
③ *Ты об этом помни*, что я тебе утром говорил.
　　〔你要记住我早上跟你讲的话。〕
④ *Я почему-то запомнил именно это*, что губы у неё были холодными.（А. Ананьев）
　　〔我不知怎么的恰恰记住他的双唇冰凉这一点。〕
⑤ *Всё было очень любопытно*, что он пришёл к Светлане.（А. Рекемчук）
　　〔他来找斯维特兰娜，这可真是太新鲜啦。〕

[解析]按严谨的书面语语法,只能说 Я тебе уже говорил, что Лена замуж вышла. 但口语中可以在主语里加进一个冗余成分(избыточный элемент)это: Я тебе уже говорил это, что Лена замуж вышла. 从而构成一种口语特色非常鲜明的复合句句式。这种句式在文艺作品中也可以见到,主要是为了口头的直接交际。由于 это 代表了从句内容,这样两次提及,就起到强调的效果。

это 可以是任何格,这取决于 это 在句中的地位,如例③,由于 помни 的影响,это 用了第六格——об этом。需要提出的是,这种冗余成分 это 只能出现于带 как, что 的说明从句的主从复合句中。

例⑤中 всё 代替了 это,性质一样。

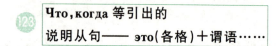

123 Что, когда 等引出的说明从句—— это(各格)+谓语……

① *Что он мне сделал — это я один знаю.*
[他给我做了什么,只有我一个人知道。]

② *Чем он занимается — это меня не интересует.*
[他干什么——这我并不感兴趣。]

③ *Когда он приедет — это пока неизвестно.*
[他什么时候来,暂时还不知道。]

④ *Чтобы я снова пришла к нему — этого никогда не будет.*
[我再到她那儿去——这是绝不可能的。]

[解析]这种句子的特点是说明从句前置,说出某种意思,后面句子中用 это 复指,加以叙说。因此也是一种提位—复指现象,不过提位的是句子而已。это 根据相关谓语的要求而处于不同的格,如例②、③中 это 为主语,第一格;例①中 это 则为第四格补语;例④этого не будет, этого 为否定二格。

124 名词(或词组)一格——(это)+以 -o 结尾的副词

① *Бессонница — это плохо.*
[失眠可不好。]

② *Валенки — тепло.* (Русская грамматика-80)

［穿毡鞋暖和。］

③ *Смех — хорошо для здоровья.*（Леонов）
［笑对身体健康有好处。］

④ *Тургеневские девушки — несвоевременно.*
［学屠格涅夫小说中的少女可不合时尚。］

⑤ *История — это страшно!*（А. Земская）
［考历史太可怕了。］

⑥ *Трое детей - это трудно.*
［有三个孩子可不容易。］

[解析]这种句子正如苏联科学院 1980 版的《俄语语法》所说,是很有口语特色的句子。这种句式的基本语义在于对某种行为、状态、现象的评价,名词部分实际上不是表示事物本身,而是表示状态,如例①бессонница——失眠这种状态;例②валенки — тепло ——意为"ходить в валенках тепло."（穿毡鞋暖和）。如指事物本身特征,则用形容词：(У меня) Валёнки тёплые(我的毡鞋暖和。)试再比较：

　　Лес приятен.［森林令人愉悦。］

　　Лес — приятно(＝ В лесу приятно.)［呆在森林里身心愉快。］

系词 это 常用,但可不用(如例②,③,④)。
主语部分和谓语部分中间语调上一般有停顿。

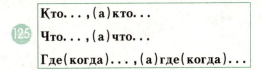

① *Кому* город нравится, *а кому* деревня.
［有人喜欢城市,有人则喜欢农村。］

② Как услышали такие слова малыши, как заорут они на все голоса! *Кто* в дверь выбегает, *кто* в окно вылезает, *кто* через плетень скачет.（А. Гайдар）
［当孩子们听到这些话后,立刻大喊大叫起来! 有的往门外跑,有的从窗户往外跳,有的翻越篱笆。］

③ *Кому* дорого, *а кому* нет.（А. Островский）

[有人觉得贵,有人则觉得不贵。]

④ Кипяток — *где* давали, а *где* нет. (М. Шолохов)

[开水嘛,有的地方给,有的地方不给。]

⑤ *Где* (надо) плакать — плачет, *где* (надо) плясать — пляшет. (А. Островский)

[什么地方需哭泣,他就去哭;什么地方得跳舞,他就去跳舞。]

⑥ Мы шли пять километров пешком — *где* дорогой, *где* обочиной, а *где* лугом.

[我们步行了五公里——有的地段在路上走,有的地段在路边走,有的地段地草地上走。]

[解析] кто...(а) кто... 结构,属于由同一关联词引出的分句构成的复合句,属并列复合句。表示"有的……,有的……",表示并列对比关系。如例⑤,кому дорого, а кому нет,意为"有的人觉得贵,有的人觉得不贵。"如第二句用同一词语而又否定时,要改用 нет。试比较:Кому дорого, а кому не дорого — Кому дорого, а кому *нет*。

126 (主句), хоть+单数第二人称命令式(从句)

① Ночь была светлая — *хоть читай без огня*.

[夜色十分明亮,简直可以不用灯就能读书。]

② Сено и хлеб гнили, обращались в чистый навоз, *хоть разводи на них капусту*. (Гоголь)

[麦杆和粮食都腐烂了,变成粪肥,简直可以在上面种白菜。]

③ Так всё плохо, *хоть плачь*. («Русская грамматика»)

[情况遭到简直叫人要哭。]

④ Одежда на мне промокла так, что *хоть выжми*.

[我身上的衣服湿透了,简直可以拧出水来。]

⑤ Ночь была безлунная. И в казарменном дворе темно, *хоть глаз выколи*. (Васильев)

[是一个没有月亮的夜晚。军营里黑得伸手不见五指。]

⑥ Молодёжи у нас полно, — продолжал он рассказывать, — *хоть пруд пруди*: весь завод, можно сказать, молодёжный. (Зубавин)

["我们这儿青年人有的是。"他接着讲道,"非常多:可以说是青年人的工厂。"]

⑦ Наш бригадир *до того* занят, *что хоть разорвись на части*.

[我们的生产队长忙得简直要身分几处。]

⑧ Много разных слов ярких видится, что вот *хоть рукой ухвати*. (Пришвин)

[各种鲜明的字眼多得很,简直随手拈来。]

[解析]这里的"хоть＋单数第二人称命令式"结构,用来表示程度,用做从句。主句中可能有表示程度的指示词,如 так, до того(见例③、④、⑦)。主、从句可有连接词 что,此时 хоть 本身兼有连接词与语气词功能,意为"简直"。单数第二人称命令式的命令意义削弱乃至消失,而是用于泛指人称意义,表示一种可能的、虚拟的结果,用以说明主句行为、状况的程度。这种结构带有明显的夸张比喻的色彩。

有时结构已变成固定成语,具有独立意义。хоть 一词的"简直要"意义削弱以至消失,如:хоть отбавляй[多得不得了], хоть глаз выколи[伸手不见五指], хоть пруд пруди[非常之多], хоть шаром покати[一无所有], хоть топор вешай[空气十分污浊],等等。

127 Хоть＋单数第二人称命令式(从句),……

① Да отсюда, *хоть три года скачи*, ни до какого государства не доедешь. (Гоголь)

[从这里即使骑马跑上三年,也到不了任何一个国家。]

② *Хоть убей*, не могу вспомнить его имени.

[就是打死我,我也想不起他的名字来。]

③ *Хоть умри* — ни за что не позволит.

[就是以死相挟他也不允许。]

④ *Хоть из пушек пали*, он спит себе и храпит.

[就是大炮齐鸣,他照样酣然大睡。]

⑤ *Хоть глаза завяжи*, всё равно не собьюсь с дороги.

[哪怕是蒙上我的眼睛,我也不会迷路的。]

[解析]хоть 本身就是口语词,在这里意为"哪怕","即使",表达让步对别关系。与之连用的是单数第二人称命令式,不能带主语,带有泛指人称意义,整个句子表示某事难以完成,从句表示假设、虚拟的不起作用的条件。"хоть＋单数第二人称命令式"这种结构,通常位于主句之前。

128 Без ＋ 名词二格 ＋ не ＋ 名词一格

① *Без инструмента не работа.*

［没有工具谈不上工作。］

② *Без музыки не свадьба.*

　　　［没有音乐谈不上婚礼。］

③ *Без палатки — не поход.*

　　　［没有帐篷谈不上旅行。］

④ *Без хлеба не обед.* （Шведова）

　　　［没有面包算不上用餐。］

［解析］这个句式由带 без 的名词二格与 не＋名词一格构成。意思是"没有 A 不成其为 Б"。这个句式只用于现在时。

七

表达对别、让步、条件、同意等意念的句式

129 名词 A 一格 + 名词 A 五格……

① *Дружба дружбой, а служба службой.*（пословица）
 ［友情归友情，公事归公事。］

② *Но шутки шутками, а ноги болят.*
 ［玩笑归玩笑，脚可痛呵。］

③ *Мысли мыслями, а идти надо.*
 ［想法归想法，去还是要去的。］

④ *Горе-то горем, а тут хлопоты ещё.*
 ［痛苦归痛苦，可是这里事情一大堆。］

⑤ *План планом, а жизнь остаётся жизнью, ориентируйтесь на месте и сообразуйте свои действия о обстоятельствах.*（Брянцев）
 ［计划归计划，现实归现实，请您摸透情况，见机行事。］

⑥ *Отец отцом, а дочь дочерью, ты самостоятельный человек.*（А. Островский）
 ［父亲是父亲，女儿是女儿，你和他没关系。］

［解析］这是一个同词反复的句式，先出现一格形式，然后是五格形式。意思是："A 是 A, Б 是 Б"或"A 归 A, 但是……"。此句式一般用作表示对别意义的并列复合句的一部分。

130 А не А, (а)…

① *Спал не спал, а вставай.*（Потебня）

［管你睡没睡，起来吧。］

② *Хочешь не хочешь*, тебе придётся остаться дома.

［管你愿意不愿意，反正你是得呆在家里。］

③ *Шторм не шторм*, а она идёт себе и идёт. (Д. Хорендра)

［管它风暴不风暴的，它（那船）还是一个劲地往前走。］

④ *Воля ваша*, Иван Савич, *гневайся не гневайся*, а я больше не намерен. (Гончаров)

［随你的便，伊万·萨维奇，你生气也好，不生气也好，我反正是不打算再干了。］

⑤ *Плачь не плачь*, а былого не воротишь.

［你哭也罢，不哭也罢，反正往事已不可挽回。］

⑥ — Пойдём в кино, там интересная картина.

— *Интересная не интересная*, а я всё равно смотреть не буду. Некогда.

"咱们去看电影吧，今天电影很意思。"

"管它有意思没意思，我反正不去看。没工夫。"

［解析］"А не А, (а)..."属于一种复合句结构，表示对别转折意义。А не А 部分所表示的意义，相当于汉语的"不管……"，"А 也好，不 А 也好。"其后通常有 а(но)，但也可以不出现，如例②。А не А 属同语反复，可以是任何词类。注意：была не была(不管三七二十一，豁出去啦)已经变成固定词组。如：... А! *Была не была*, не с чего, так с бубён! (Гоголь)(……唉，豁出去啦，没别的，就出个方块吧！)

А-то А, но(а, да...)

① — Что, они не слушали?

— *Слушать-то слушали*, но не очень нам верили. (А. Федоров)

"怎么，他们没听？"

"听倒是听了，但不怎么相信我们的话。"

② *Виноват-то он виноват*, но и ты не совсем прав.

［他固然不对，你也不全有理。］

③ — Ведь уже каникулы?

— *Каникулы-то каникулы*, а пройденные уроки повторять надо, а то всё забудешь.

(Вигдорова)

"已经放假了呀？"

"假倒是放了,可是学过的功课要复习,不然会忘掉的。"

④ —— *Разные и купцы бывают.*

—— *Разные-то разные*, а жадность одна. (Мамин-Сибряк)

"就连商人跟商人也不一样。"

"不一样固然不一样,可却都贪婪。"

⑤ —— А теперь ведь не холодно, можно бы ехать.

—— *Оно тепло-то тепло*, да скользко. (Л. Толстой)

"现在并不冷,可以走了。"

"暖和倒是暖和,但是路滑。"

[解析] 这个句式的意思是:"A 倒是 A,但(然而,可是)……",整个句式分两部分,头一部分表示肯定,同意谈话对方的某一说法,第二部分则又语气转折,表示与第一部分相抵触,或在某种程度上否定对方的见解。"A-то A"中,A 可以是任何实词,且是同语反复,后面的对别连接词 но, а, да... 不可少。

(Уж)на что＋主谓结构, а(но)...

① *Уж на то* он упрям, *но* и его уговорили. (Ожегов)

[虽然他很固执,但也被说服了。]

② *На что* Москва огромный город, *а* чистота в ней придерживается образцовая. («Вечерняя Москва»)

[虽然莫斯科是座大城市,可是卫生情况却堪称模范。]

③ *На что* он отчаянный, *а* в этот овраг не прыгнет. (Тургенев)

[虽说他胆大包天,可是却不敢跳进这个冲沟。]

④ Знаменитые писатели *на что*, кажется, умны, *но* без иллюзий не могут. (Чехов)

[那些著名作家固然聪明过人,但也不能不产生错觉。]

[解析] 这个复合句式表示让步转折意义:на что 部分表示"虽然"、"尽管"、"固然"。на что 在句首常加语气词 уж(如例②)。

Ну что ж, ＋命令式

① —— Споём и мы, Ваня? Как думаешь?

— *Ну что ж, споём*! (Паустовский)

"咱们唱支歌吧,瓦尼亚? 你看怎样?"

"好吧,咱们唱一个!"

② — Моисеев! Я домой схожу...

— *Что ж, иди*! (Л. Толстой)

"莫伊谢夫! 我想回一趟家……"

"好吧,去吧!"

③ — Я съезжу, знаете. Это не отразится, нет?

— Не отразится. *Поезжай, что ж*. (Панов)

"我去一趟。这不会有影响吧?"

"不会有影响。没关系,去吧。"

[解析]用语气词(ну)что ж 构成的这种句子,用来表示说话人对于谈话对方提出的建议、请求、愿望表示同意、接受、应允。что 可以放在句首,也可放在句末。当что ж 带有加强语气词 ну 时,ну что ж 只能置于句首。与что ж 共同组句的通常是命令式,也可是陈述式。

184 Добро бы＋谓语, а то＋谓语

① *Добро бы* только ругался, *а то* ещё побил.

[若是光骂人也就罢了,可还打了人呢。]

② *Добро бы* был неуч, *а то* ведь знающий человек.

[如果是个不学无术的人倒也情有可原,可他是个博学多闻的人。]

③ *Добро бы* убивал, скажем, или коней крал, *а то* так попал (в тюрьму). (Чехов)

[若是杀人,比方说,或者偷马,倒也情有可原,可是却这么不清不白地入了大狱。]

[解析]这个句式带有鲜明口语和表情色彩,表示一种让步—转折关系。«Добро бы..., а то...»的意思是"若是……倒也罢了,可是……"。добро бы 是语气词,同时又有连接作用,与连接词 а то 前后呼应,有形成双位复合连接词之势。добро бы 总是放在句首。由于 бы 的影响,句中谓语要用过去时,与 бы 构成假定式(见例①、②、③)。Добро бы..., а то... 一般用于复合句中。а то 后可跟语气词 ведь(见例②)。

135 Что бы ＋ 不定式（或不定式的从属成分）

① Нашла когда красить! *Что бы летом-то*.
   [怎么这时候刷油漆！该夏天刷呀。]

② *Что бы вам* нынче у себя вечером *устроить* хороший ужин и пригласить её.（А. Островский）
   [您今晚应该设一席盛宴款待她才是。]

③ *Что бы дождю идти в будни*! Так нет — с утра холодной сыростью завалило.（А. Н. Толстой）
   [本该平常日子下雨嘛！可却不，一大早满天阴雨。]

④ *Ему что бы прямо к прокурору*, а он здесь застрял.
   [他应该直接去找检查官嘛，可他却在这儿磨蹭。]

[解析] 这种结构用来表示应该或希望出现某行为、现象的意义，但带"本应该但没有"这种惋惜的情感，что бы 意同 пусть бы，хорошо бы，句中不定式可省略（如例①，例④）。主体用第三格。

136 Если бы не ＋代（名）词一格,（то）...

① *Если бы не Алексей*, ушла бы я, уехала.（М. Горький）
   [若不是因为阿列克谢（在这儿），我早就离开这儿了。]

② Я ещё больше наловил бы, *если бы не бабушка*.（Ю. Сотник）
   [若不是外婆干扰，我本来会钓到更多的鱼的。]

③ Милый доктор, как я ему благодарна! *Если бы не он*, то вы не пришли бы ко мне.（Чехов）
   [亲爱的大夫，我多么感激他呀！若不是他，你不会来看我的病的。]

④ *Если бы не вы*, то я бы давно уже не жил на свете...
   [若不是您，我早就不在人世了。]

[解析] 这是经过省略而积淀下来的口语句式，意思为"多亏了某人，我（他，你）才……"，"若不是（因为）他，（我，你，他）早就……""Если ли бы не..."已固定此，熟语化，故虽有бы，是假定式，也不出现был 或其他动词过去时，但主句带бы，一定要有过去时，бы 与过去时构

成假定式。

整个复句表达一个假定的论断。

137 Если что, 主句

① *Если что*, сразу ко мне! (А. Гончаров)

[如果出什么情况,马上来找我!]

② *Если что*, я вашим соседям позвоню. (А. Арбузов)

[如果发生什么事,我给你的邻居们打电话。]

③ *Если что*, прошу ко мне на завод, дома я служебные дела не решаю. (А. Софронов)

[如果有什么事,请到工厂去找我,我不在家办公事。]

④ Позвони, *если что*.

[有事给我打电话。]

⑤ Он сам всё сделает, *если что*. (Э. Хруцкий)

[万一有什么事的话,他自己会处理好的。]

[解析]由 если что 加主句构成假定制约关系句。если что 是 если что-нибудь случится [如果发生什么事], если что понадобится [如果需要什么]简约而成,что 代替了 что-нибудь,也是口语的特点。если что 一般位于主句之前,但也可能后置(如例④、⑤)。

138 То + 名(代)词一格, а то + 名(代)词一格

① *То вы, а то мы*, женщины. Мы искреннее мужчин и всегда сразу выдаём себя. (Горький)

[我们妇女跟你们可不同。我们比男人诚实,总是很快就把自己的心思表露出来。]

② Так *то гусь, а то племенной хряк*. Гусю вся цена двадцать рублей. (Жестев)

[鹅是鹅,和种猪不一样。一只鹅才值二十卢布。]

③ *То Петя, а то Иван*. Иван так не поступит.

[别佳这样,伊万可不会这么干的。]

[解析]这个句式用来表示区分—对别意义,意为"А 是 А,Б 和 А 可不一样"。句式后面常接有进一步描述 А 或 Б 的句子。

139 А так А.

① — Всем уж пора садиться. Двенадцатый час...

— *Садиться так садиться*. Господа, покорнейше прошу. (Чехов)

"大家该入席就座了，十一点多了……"

"入席就入席吧，先生们，请！"

② — А как его повидать?

— Только вечером. С утра выехал куда-то за город.

— Жаль. Но ничего не поделаешь. *Вечером так вечером*. (Г. Брянцев)

"什么时候可以见到他呢？"

"只能是晚上。他一早就出城到某地去了。"

"真遗憾。可是又有什么办法呢，晚上就晚上吧。"

③ — Вдвоём сподручнее...

— Не всегда. Ну что ж, *вдвоём так вдвоём*, только по моему плану. (Г. Брянцев)

"两个人一起干要好些……"

"也不见得。好吧，两个人一起干就两个人一起干吧，只是要按照我的计划行事。"

④ — Делать нечего, придётся ночевать.

— Ну что же, *ночевать так ночевать*. (Арсеньев)

"没什么好说的，只好在这里过夜了。"

"那有啥，在这里过夜就在这里过夜吧。"

⑤ Да что ты так волнуешься? Ну, *не будет, так не будет*. Что ж делать? (А. Софронов)

[你激动啥呀？好啦，不来就不来吧，不然又能怎样？]

[解析]这是一个同语反复句式。А 可是以任何一个词类。这个句式表示说话人对于对方提到的某一行为、情况……表示同意，多带"无可奈何，只好如此"的意味，相当于汉语的"A 就是 A 吧。"句式前常有 ну что ж(же)。如例③、④、⑤。

① — Аркашка! Ты пьян, что ли?

— *Ну так что ж, что пьян!* И горжусь этим. (А. Островский)

"阿尔卡什卡！你喝醉了怎么的？"

"我喝醉了又怎样！我还以此为骄傲呢。"

② — Я женщина, ты мужчина.

— *Так что ж, что мужчина?* (А. Островский)

"我是妇女，你是男人。"

"是男人又怎样？"

③ — Как вам не стыдно? Время-то какое! В городе эпидемия...

— *Ну так что ж, что эпидемия?*

"你怎么不害羞？现在是啥时候！城市正闹瘟疫……"

"闹瘟疫又怎的？"

[解析]这是用在对话中的句式。(что ж,) что(关联词)后面出现的 A 是谈话对方话语中的某个词语,说话人针对 A 表示异议、反驳,认为 A 所指对于自己的某一言行并无关系;"是 A,那又怎样?!"此句式往往带有表情色彩,体现为感叹词(如例①)。处于 A 位的可以是名词、形容词、副词……,有时也见到句子形式,如例①可改为 Ну так что ж, что я пьян. 不过以词语为多。что ж 是固定的。疑问代词 что 前常加语气词 ну, ну и, так, ну так 等。

① Е. А. Земская. Русская разговорная речь: лингвистический анализ и проблемы обучения. М., 1987.
② Русская разговорная речь. Под ред. Е. А. Земской. АН СССР. М., 1973.
③ О. Сиротинина. Русская разговорная речь и ее особенности. М., 1974.
④ О. А. Лаптева. Русский разговорный синтаксис. М., 1976.
⑤ Н. Ю. Шведова. Очерки по синтаксису русской разговорной речи. М., 1960.
⑥ А. Кожин и др. Функциональные типы русской речи. М., 1982.
⑦ Русская грамматика, АН СССР. М., 1980.
⑧ О. Сиротинина. Что и зачем нужно знать учителю о русской разговорной речи. М., 1996.
⑨ Словарь современного русского литературного языка в 17 томах.

普通高等教育"十一五"国家级规划教材

《俄语》(全新版)
(1—8册)学生用书/教师用书

黑龙江大学俄语学院　编
总主编　邓军　郝斌　赵为

《俄语》(全新版)在充分领会新教学大纲的基础上,以最新的外语教学理论为指导,在编写理念、选取素材、结构设计等方面都力求体现和满足俄语专业最新的教学要求,集多种教学模式和教学手段为一体,顺应社会和时代的发展潮流,突出素质教育思想,注重教授语言知识与培养言语技能的有机结合。

● 采用低起点教学原则,从语音导论开始,到最后篇章修研结束。编写主线以语法为纲,酌情引入不同专题内容。低年级阶段以教学语法为基础,高年级阶段以功能语法为纲,以适合众多俄语专业基础阶段和提高阶段的使用。

● 力求反映出21世纪俄罗斯风貌、当今时代俄语最新变化。紧密联系中国国情,结合教学实际,注重日常生活交际,突出实用性。

● 保障常用词汇数量,保障典型句式数量。教材内容贴近生活、贴近现实,学生可以通过本套教材的学习,了解俄罗斯人的生活习俗、行为方式、思想方法以及人际交流模式。

《俄语》(全新版)共分为8册,包括学生用书、教师用书、配套光盘、电子课件等相关配套出版物。

北京大学出版社

外语编辑部电话: 010-62767347　　市场营销部电话: 010-62750672
　　　　　　　010-62765014　　邮　购　部　电话: 010-62752015
Email: zbing@pup.pku.edu.cn